黑 龙 江 大 学 法 学 文 库

环境相邻权研究
以公私法比较为视角

孙　磊／著

法律出版社
LAW PRESS · CHINA
北京

图书在版编目(CIP)数据

环境相邻权研究 : 以公私法比较为视角 / 孙磊著
. -- 北京 : 法律出版社, 2023
(黑龙江大学法学文库)
ISBN 978-7-5197-7589-6

Ⅰ. ①环… Ⅱ. ①孙… Ⅲ. ①环境权-研究-中国
Ⅳ. ①D922.684

中国国家版本馆 CIP 数据核字(2023)第 030463 号

环境相邻权研究
——以公私法比较为视角
HUANJING XIANGLINQUAN YANJIU
—YI GONGSIFA BIJIAO WEI SHIJIAO

孙 磊 著

策划编辑 周丽君
责任编辑 周丽君
装帧设计 鲍龙卉

出版发行 法律出版社
编辑统筹 法律应用出版分社
责任校对 晁明慧
责任印制 刘晓伟
经　　销 新华书店

开本 A5
印张 6.25　　**字数** 156 千
版本 2023 年 3 月第 1 版
印次 2023 年 3 月第 1 次印刷
印刷 北京虎彩文化传播有限公司

地址:北京市丰台区莲花池西里 7 号(100073)
网址:www.lawpress.com.cn
投稿邮箱:info@lawpress.com.cn
举报盗版邮箱:jbwq@lawpress.com.cn
销售电话:010-83938349
客服电话:010-83938350
咨询电话:010-63939796

书号:ISBN 978-7-5197-7589-6
定价:35.00 元

凡购买本社图书,如有印装错误,我社负责退换。电话:010-83938349

前 言

随着改革开放的不断深入，我国经济和社会发展取得了举世瞩目的成就，国内生产总值已经稳居世界第二位，人民群众物质生活水平稳步提升，人们对生活环境和生态环境的要求也与日俱增。“2012 年 11 月 17 日，习近平总书记在主持十八届中共中央政治局第一次集体学习时指出，‘党的十八大把生态文明建设纳入中国特色社会主义事业总体布局，使生态文明建设的战略地位更加明确，有利于把生态文明建设融入经济建设、政治建设、文化建设、社会建设各方面和全过程。这是我们党对社会主义建设规律在实践和认识上不断深化的重要成果’。”①“2017 年 10 月 18 日，习近平总书记在党的十九大报告中指出：‘必须树立和践行绿水青山就是金山银山的理念，坚持节约资源和保护环境的基本国策，像对待生命一样对待生态环境，统筹山水林田湖草系统治理，实行最严格的生态环境保护制度，形成绿色发展方式和生活方式，坚定走生产发展、生活富裕、生态良好的文明发展道路，建设美丽中国，为人民创造良好生产生活环境，为全球生态安全作出贡献。’”②“党

---

① 汪晓东、刘毅、林小溪：《让绿水青山造福人民泽被子孙——习近平总书记关于生态文明建设重要论述综述》，载《人民日报》2021 年 6 月 3 日，第 1 版。

② 汪晓东、刘毅、林小溪：《让绿水青山造福人民泽被子孙——习近平总书记关于生态文明建设重要论述综述》，载《人民日报》2021 年 6 月 3 日，第 1 版。

的十八大以来，以习近平同志为核心的党中央把生态文明建设摆在全局工作的突出位置，全面加强生态文明建设，一体治理山水林田湖草沙，开展了一系列根本性、开创性、长远性工作，决心之大、力度之大、成效之大前所未有，生态文明建设从认识到实践都发生了历史性、转折性、全局性的变化。”①保护资源与环境是党和人民的殷切期望，在落实这一期望的过程中必然会使用法律这一有力手段，环境与资源保护越来越得到法学界的重视。这一议题具有交叉性，其中涉及民法、刑法、行政法等领域，有时仅引用某一部法律不足以解决其问题，如何运用说理妥善处理跨领域问题成为当代法学人的使命之一。

同时，环境污染事件仍然频繁发生，与普通百姓息息相关的环境污染问题也在不断地提醒人们要更加注重保护环境，如何使用法律手段解决这一问题自然也就成为社会关注的课题。这类问题一般运用民法相邻关系予以解决。《民法典》第288条规定：“不动产的相邻权利人应当按照有利生产、方便生活、团结互助、公平合理的原则，正确处理相邻关系。”但《民法典》对相邻权的规定存在相邻关系类型不完备、有明显的制度漏洞等问题。加之，环境污染范围广泛、种类日益多样化，已经超越了传统不动产相邻的界限，因此尽快确立我国环境法上的环境相邻权意义重大。

相邻关系在权利保护领域亦可称为相邻权，传统相邻权必须以不动产相邻为权利行使之基础，是基于物权所有权之权能延伸，从权利属性上看并不是一项独立物权。但现实中的环境污染事件往往发生在彼此不相邻甚至相距遥远的地理区域，如水污染、电磁辐

---

① 汪晓东、刘毅、林小溪：《让绿水青山造福人民泽被子孙——习近平总书记关于生态文明建设重要论述综述》，载《人民日报》2021年6月3日，第1版。

射污染等环境污染事件。我国《民法典》第 294 条规定,不动产权利人不得违反国家规定弃置固体废物,排放大气污染物、水污染物、土壤污染物、噪声、光辐射、电磁波辐射等有害物质,此即德国和瑞士民法上所谓"不可量物侵害"。这种侵权侵犯的是权利主体的何种权利?如果认为是侵犯了相邻权但它突破了不动产相邻的边界,这给传统的相邻权带来挑战,而侵犯环境权则于法无据。因此笔者建议基于传统相邻关系结合环境法环境权权益,确立和完善环境相邻权这一独立权利。

本书从国内外研究现状入手展开研究,第一部分从相邻权与相邻关系概念辨析入手,分析相邻权含义、相邻权权利性质、权利内容以及传统意义上相邻权的不足。同时一并阐释相邻权与地役权的区别,为后续研究扫清障碍,奠定基础。

第二部分从环境法上环境权发端入手分析,比较研究了国内学者对环境权的含义、环境权的性质、环境权的特征、环境权内容和目前环境权理论的局限性等内容。在环境法学理论上为环境相邻权确立寻找理论支持和创建理论存在空间。

第三部分从界定环境相邻权入手,阐释了环境相邻权的含义、特征和权利性质。分析环境相邻权的权利内容应该包括:第一,与居住相关的生活环境便利权,如相邻安宁权、采光权、通风权、清洁空气权、清洁水权等权利。第二,不可量物侵害排除权。第三,精神安适权。第四,相邻环境管理参与权,即公众的知情权、参与权、建议权以及相应的救济请求权。第五,环境侵害排除请求权。继而,分析了环境相邻权在我国环境法和民法理论研究和司法实践法律体系中的寓存现状,得出环境相邻权理论上研究不足、在立法上和实践中规定不足等问题,需要进一步深入研究。

第四部分对国外环境相邻权制度相关法学理论、法律文件进行了研究和考察,分析了两大法系中比较有代表性的国家和地区的相关理论与具体法律规定。大陆法系分析了德国的不可量物侵害制度、法国近邻妨害制度、日本的公害补偿和生活妨害等相关制度;英美法系分析了英国的私人妨害制度和美国的私益妨害制度。在比较分析的基础上,得出相关启示,为我国在法律体系上确立环境相邻权奠定理论基础。

第五部分对相邻权进行了公法视角的考察,总结了公法相邻权存在的研究意义,分析了现阶段公法中关于相邻权的规定;继而分析了私法视角下环境权和公私法比较视角下的环境相邻权,得出目前我国环境相邻权应该确定为私法权利的结论。

第六部分对环境相邻权在我国法律文件中的确立进行具体设计。首先,分析了制度确立的必要性与可行性。其次,分析了环境相邻权制度确立所应遵循的原则、具体的制度内容和制度确立的路径。最后,分析环境相邻权制度的具体建构路径有三:一是单独在民法中明确规定环境相邻权;二是单独在环境保护法中规定环境相邻权;三是在民法和环境法中都进行密合性规定。

本书六个部分逻辑层次即首先在第一部分相邻权研究和第二部分环境权研究中分析环境相邻权上游权利——相邻权和环境权,得出二者有关环境保护的理论研究和司法实践中均存在不足,为环境相邻权的确立提供了可行性与制度生存空间。第三部分着手环境相邻权权利本身研究,分析环境相邻权定义和权利性质,回答了环境相邻权是什么,为什么要确立环境相邻权等问题。第四部分的域外理论和法律实践的考察为最后权利确立和具体建构奠定基础。第五部分又对未来权利的延展和更深入研究提出了可能性和方向性建议。第六部分得出结论。六个部分联系紧密,为有机之整体。

目录

绪　论

第一节　问题的提出

一、环境污染事件频发

改革开放以来中国经济建设取得了巨大成就，中国的国内生产总值逐年稳步上升并成为世界第二大经济体。党的十九大以来，习近平总书记对全党全国贯彻绿色发展理念做出充分肯定。以习近平同志为核心的党中央高度重视环境问题，大力推进生态文明建设、践行绿色发展理念。这需要我们摒弃过去那种规模粗放、能耗高的经济发展模式，加大环境污染综合治理力度，推动绿色发展。毫无疑问，以牺牲环境换取经济建设的经济发展模式是不可取的。“1972 年由科学家、经济学家和企业家组成的民间学术组织——罗马俱乐部发表了《增长的极限》研究报告，首次正式向世界发出了警告：如果让世界人口、工业化、污染、粮食生产和资源消耗方面现在的趋势继续下去，这个星球上的增长的极限有朝一日将在今后一百年中发生。”[①]第 44 届联合国环境与发展大会决议中指出：“全球环境恶化的主要原因是无法长久维持的生产和消费形态，特别是工业

① 周宏春、刘燕华等：《循环经济学》，中国发展出版社 2005 年版，第 3 页。

国家的生产和消费形态。”①“工业革命以前,人类活动对自然的影响还未全面超出自然环境的自我恢复能力。每个人的基本环境权益还未遭受到全面的破坏。即使有个别地区生态破坏严重导致局部环境恶化,人们还可以通过迁移来寻找新的适宜生存和居住的环境,古文明发源地两河流域和我国黄河流域就是很典型的例子。工业革命以后,人类活动对环境的影响发生了质的变化,人类不断地向自然索取,对自然资源和自然环境采取掠夺性的态度,由此导致了严重的环境污染和环境破坏。”②

从全球角度看,科学技术突飞猛进的发展以及人类现行生存方式与地球的生命支持能力相悖的日趋加剧,致使环境资源危机呈现如下特征:一是环境资源危机的全球化;二是环境资源危机的综合化;三是环境资源危机的极限化。③ 从我国来看,环境污染和资源消耗的速度惊人,“我国多年来的经济发展是一种资源消耗型、粗放型的发展,过去40年,我国单位国内生产总值能耗年均降幅超过4%、累计降幅近84%,节能降耗成效显著,能源利用效率提升较快。但从国际比较来看,我国单位国内生产总值能耗仍是世界平均水平的1.5倍。尽管潜力巨大,也要看到完成单位国内生产总值能源消耗降低13.5%的目标,仍然面临一定的困难和挑战。国家能源局有关负责人分析,首先,我国正处于工业化、城镇化快速发展阶段,居民生活、交通等领域用能持续增长,能源消费将保持刚性增长态势;其次,节能潜力挖掘难度增大,成本低、见效快的节能技术和工程已

---

① 中国环境报社编译:《迈向21世纪——联合国环境与发展大会文献汇编》,中国环境科学出版社1992年版,第162页。

② 俞金香、韩敏:《环境权与循环经济法的法理研究》,中国社会科学出版社2017年版,第70页。

③ 参见陈泉生:《可持续发展与法律变革》,法律出版社2000年版,第35~37页。

普遍应用实施，一些新技术投资大、应用少，企业节能潜力收窄；此外，我国经济结构中第二产业比重较高，高耗能产业比重较高，再加上用能结构依然以煤炭为主，而煤炭的终端利用效率又较低，能源利用方式还比较粗放"[1]。我国环境资源压力仍然巨大。

（一）环境污染引发社会纠纷

"环境污染是某种物质或者能量因人为活动进入环境而造成环境质量破坏的现象。"[2]该定义最早由经济合作与发展组织环境委员会在1974年提出，指"被人们利用的物质或者能量直接或间接地进入环境，导致对自然的有害影响，以致危及人类健康、危害生命资源和生态系统，以及损害或者妨害舒适和环境的其他合法用途的现象"[3]。2020年，据不完全统计，我国省辖县级市和地级及以上城市的生态环境、公安、住房和城乡建设等部门合计受理环境噪声投诉举报约201.8万件，其中，社会生活噪声投诉举报最多，占53.7%；建筑施工噪声次之，占34.2%；工业噪声占8.4%；交通运输噪声占3.7%。生态环境部门"全国生态环境信访投诉举报管理平台"共接到公众举报44.1万余件，其中噪声扰民问题占全部举报的41.2%，排各环境污染要素的第2位。[4]

近年来国家生态环境部发布的中国环境状况公报显示，我国环境污染虽然得到一定程度的治理，但污染问题依然严重，环境保护压力较大。2020年，全国废水中化学需氧量排放量为2564.8万吨，其中，工业源废水中化学需氧量排放量为49.7万吨，农业源化

---

① 丁怡婷：《加快形成能源节约型社会》，载《人民日报》2021年8月10日，第2版。

② 汪劲：《环境法学》（第4版），北京大学出版社2018年版，第514页。

③ OECD, *Council Recommendation on Principles Concerning Transfrontier Pollution*, (74)224, 1974.

④ 《2021年中国环境噪声污染防治报告》，载中华人民共和国生态环境部官网2021年6月17日，https://www.mee.gov.cn/。

学需氧量排放量为1593.2万吨,生活源污水中化学需氧量排放量为918.9万吨,集中式污染治理设施废水(含渗滤液)中化学需氧量排放量为2.9万吨。全国废水中氨氮排放量为98.4万吨,其中,工业源废水中氨氮排放量为2.1万吨,农业源氨氮排放量为25.4万吨,生活源污水中氨氮排放量为70.7万吨,集中式污染治理设施废水(含渗滤液)中氨氮排放量为0.2万吨。[①] 全国环境质量状况总体保持平稳,但形势依然严峻。环境污染事件的高发态势直接导致了更多的环境诉讼,环境污染引发的法律纠纷越来越多。环境污染问题逐渐进入公众的视野。

(二)环境犯罪案件数量增多

从近几年环境事件的构成来看,环境污染多以水污染、大气污染、噪声污染等与人民群众生活息息相关的污染事件为主。最高人民检察院发布的全国检察机关主要办案数据显示:"2019年1至9月共批准逮捕破坏环境资源保护类犯罪15,277人,起诉35,493人,同比分别上升36.5%、24.8%。起诉土壤污染、水污染、大气污染类犯罪案件5096人,同比上升28.6%。其中,起诉涉及大气污染犯罪案件582人,同比上升62.1%;涉及水污染犯罪案件1885人,同比上升26.5%;涉及土壤污染犯罪案件2629人,同比上升24.4%。"[②]"2018年1月至2020年8月,全国检察机关共批捕污染环境犯罪案件5364件9517人,同比分别上升64.47%和80%;起诉7226件16,687人,同比分别上升47.44%和72.99%。"[③]

---

① 参见《2020年中国生态环境统计年报》,载中华人民共和国生态环境部官网2022年2月18日,https://www.mee.gov.cn/。

② 《2019年1至9月全国检察机关主要办案数据》,载微信公众号"最高人民检察院"2019年10月30日,https://mp.weixin.qq.com/s/l85_bWpAb6GvUVElmhsbSQ。

③ 《最高检:全国污染环境犯罪案件查处数量总体呈明显上升趋势》,载中国新闻网2020年10月28日,https://www.chinanews.com.cn/gn/2020/10-28/9324917.shtml。

二、现行法律应对之不足

这种与民众生活息息相关的“流动性”污染在进行诉讼时难以适用民法上相邻关系的规定。这是因为“相邻关系，是指依据法律规定，两个或两个以上相互毗邻的不动产的所有人或使用人，在行使不动产的所有权或使用权时，因相邻各方应当给予便利和接受限制而发生的权利义务关系”[①]。简单地讲，“相邻关系就是不动产的相邻各方因行使所有权或使用权而发生的权利义务关系”[②]，“相邻关系，唯就不动产发生”[③]。但现阶段环境污染事件往往是污染物质随空气、水流等介质顺流而下、顺风而走地形成污染区域，已经明显地不能适用相邻关系的法律规定。《民法典》第294条规定：“不动产权利人不得违反国家规定弃置固体废物，排放大气污染物、水污染物、土壤污染物、噪声、光辐射、电磁辐射等有害物质。”该条实际上是关于所谓“不可量物”的侵害所引发的相邻关系的规定。“所谓不可量物侵害，是指按照通常的计量手段无法加以精确测量的某些物质因排放、扩散等致他人损害。”[④]不可量物的侵害是否属于相邻关系，在学说上是值得研究的。如果不可量物散发很远，行为人与受害人相距较远，一般不宜作为相邻关系纠纷，而应当按照环境侵权来处理。[⑤]

从环境保护法律角度来看，这种环境污染貌似侵犯了公众的环境权益或称为环境权。“公众环境权益是公民基本权利中具有共通

---

① 王利明：《物权法研究》（第4版）（上卷），中国人民大学出版社2016年版，第1551页。

② 参见史尚宽：《物权法论》，台北，自版1957年，第79页。

③ 史尚宽：《物权法论》，中国政法大学出版社2000年版，第87页。

④ 王利明：《物权法研究》（第4版），中国人民大学出版社2016年版，第1595页。

⑤ 参见王利明：《物权法研究》（第4版），中国人民大学出版社2016年版，第1597～1598页。

性和非独占性地享用环境利益的权利的集合,也是公民对其正常生活和工作环境享有不受他人干扰和侵害的权利与利益。"[①]"环境权是指公民在良好环境中享受一定环境品质的基本权利。"[②]有学者认为,"尽管在理论上对于环境权之基本人权地位及其必要性尚有争议,但是在实证法层面环境权已经成为新兴的宪法权利,并且具有跨越文明的鸿沟而成为普世性人权的趋势"[③]。"环境权所指向的义务人是国家,环境权对国家的立法权、行政权和司法权具有拘束力。这种拘束力既体现了环境权的防御权功能,即免于国家的侵犯,当国家自身侵犯公民环境权时,公民可以请求排除侵害。同时,这种拘束力还体现在环境权的给付请求权功能方面,这体现了环境权的社会权性质。"[④]但这种权利属性对于公民适用私法上权利进行救济显然是力不从心的。亦有学者认为,"只有将环境权转化为民法意义上的民事环境权(类似人格权一样,可分为一般环境权和具体环境权,后者如清洁空气权、清洁水权、采光权、通风权、景观权等)及其侵权责任,宪法意义上的基本环境权(环境人权)和国家环境保护义务,行政法意义上的环境知情权、环境参与权、环境监督权和政府环境监管职责,以及诉讼法意义上的环境诉权和环境公益诉讼,方能形成健全完善的环境权制度体系,从而完成环境权的法律表达"。[⑤] 具体法律条文上,环境权益的表述最早见于《环境影响评价法》。其第11条规定:"专项规划的编制机关对可能造成不良环境影响并直接涉及公众环境权益的规划,应当在该规划草案报送审

---

① 汪劲:《环境法学》(第4版),北京大学出版社2018年版,第75页。
② 吴卫星:《环境权研究:公法学的视角》,法律出版社2007年版,第108页。
③ 吴卫星:《环境权入宪的比较研究》,载《法商研究》2017年第4期。
④ 吴卫星:《环境权入宪的比较研究》,载《法商研究》2017年第4期。
⑤ 杨朝霞:《论环境权的性质》,载《中国法学》2020年第2期。

批前，举行论证会、听证会，或者采取其他形式，征求有关单位、专家和公众对环境影响报告书草案的意见……”《环境保护法》第 42 条第 1 款规定：“排放污染物的企业事业单位和其他生产经营者，应当采取措施，防治在生产建设或者其他活动中产生的废气、废水、废渣、医疗废物、粉尘、恶臭气体、放射性物质以及噪声、振动、光辐射、电磁辐射等对环境的污染和危害。”《固体废物污染环境防治法》第 5 条规定：“固体废物污染环境防治坚持污染担责的原则。产生、收集、贮存、运输、利用、处置固体废物的单位和个人，应当采取措施，防止或者减少固体废物对环境的污染，对所造成的环境污染依法承担责任。”第 20 条规定：“产生、收集、贮存、运输、利用、处置固体废物的单位和其他生产经营者，应当采取防扬散、防流失、防渗漏或者其他防止污染环境的措施，不得擅自倾倒、堆放、丢弃、遗撒固体废物。禁止任何单位或者个人向江河、湖泊、运河、渠道、水库及其最高水位线以下的滩地和岸坡以及法律法规规定的其他地点倾倒、堆放、贮存固体废物。”第 31 条规定：“任何单位和个人都有权对造成固体废物污染环境的单位和个人进行举报。生态环境主管部门和其他负有固体废物污染环境防治监督管理职责的部门应当将固体废物污染环境防治举报方式向社会公布，方便公众举报。接到举报的部门应当及时处理并对举报人的相关信息予以保密；对实名举报并查证属实的，给予奖励。举报人举报所在单位的，该单位不得以解除、变更劳动合同或者其他方式对举报人进行打击报复。”《广播电视设施保护条例》第 11 条规定：“广播电视信号发射设施的建设，应当符合国家有关电磁波防护和卫星标准；在已有发射设施的场强区内，兴建机关、工厂、学校、商店、居民住宅等设施的，除应当遵守本条例有关规定外，还应当符合国家有关电磁波防护和卫生标准。”上述这些法律规定都是叙述性、引导性法律规定。

具体涉及环境诉讼领域还需要民法方面的相关规定。《民法典》第1229条规定:“因污染环境、破坏生态造成他人损害的,侵权人应当承担侵权责任。”也就是说,上述规定必须以违反国家法律为前提,如果国家没有相关立法则难以认定为环境侵权。这不但导致了诸如光污染、振动污染等因无相关法律规定而无法提起环境保护诉讼,还违反了环境保护的初衷或者说相邻权“有利生产、方便生活、团结互助、公平合理”的立法原意。同时这也不符合公民环境权的“公民对其正常生活和工作环境享有不受他人干扰和侵害的权利与利益”的应有之义。

因此,环境保护的法律适用必须基于现行民法的相邻关系规定而有所突破,即确立和完善保护范围更大的超越民法相邻权和环境法环境权的环境相邻权是解决这一问题的良策。

第二节　环境相邻权研究意义

一、社会意义

(一)有利于保障公民合法权益

权利和义务是法的核心内容,也是法学的核心概念。[①] 在我国,由于现阶段没有明确环境保护相邻权的权利属性,导致其义务对称的严重缺失。现行法律规定只有违反了国家环境保护法律才能认定为环境侵权予以救济,这不利于公民享受宁静、清洁空气、清洁水源等基本环境权利的实现。相邻权主要是为了解决不动产相邻关系人平等互利地利用环境的便宜的目的而设立,因此,明确环境相邻权有利于人们认识到自己的权利内容,权利被侵犯时也有利于积

① 参见张文显主编:《法理学》(第5版),高等教育出版社2018年版,第129页。

极救济,以保障公民合法权益。

(二)有利于保障人民群众身体健康

公民在居家生活和社会生活中本来就应该享有优美、舒适环境的享受权,开发利用环境决策与行为知悉权,开发利用环境决策建言权,监督开发利用环境行为及其检举和控告权,环境权益侵害救济请求权等权利。① 上述权利均体现为居民的环境权益,这些权益既包括公法上的权益,也包括私法上的权益。换言之,“环境权益为公众要求政府采取措施保护环境或者据以参与环境决策的场合适用时,公众的环境权益就会与公权力发生关系而与人权或宪法性权利相吻合,从而衍生公众知情权、参与权、建议权以及相应的救济请求权。而当公众的环境权益被公民个人(集团)基于物权法的相邻关系或侵权的场合适用时,公众的环境权益就会与开发利用环境和资源的行为人之间发生关系而具有私权性质”②。因此,环境相邻权有利于公民行使自己的私权利,有利于公民及时发现私权被侵犯而奋起予以保护。如果这种权利被确立和完善,将会在长期的法律实践中逐渐形成有利于保障人民群众身体健康的局面。

(三)有利于定分止争、团结互助

这是因为环境相邻权是以民法上相邻关系为基础设立的。“相邻”关系确立的本意是“相邻接不动产之所有人间,一方所有人之自由支配力与他方所有人之自由排他力相互冲突时,为调和其冲突,以谋共同之利益,依法律之规定直接所认权利之总称”③。所以从其立法本意来看,相邻关系的规定是为了有利生产、方便生活、和平利用、利益最大化。我国《民法典》第 288 条规定:“不动产的相邻

---

① 参见汪劲:《环境法学》(第 4 版),北京大学出版社 2018 年版,第 76 页。

② 汪劲:《环境法学》(第 4 版),北京大学出版社 2018 年版,第 76 页。

③ 史尚宽:《物权法论》,中国政法大学出版社 2000 年版,第 87 页。

权利人应当按照有利生产、方便生活、团结互助、公平合理的原则，正确处理相邻关系。”同时第289条还规定：“法律、法规对处理相邻关系有规定的，依照其规定；法律、法规没有规定的，可以按照当地习惯。”“相邻关系中的冲突表现了最微小的利益和最重大的利益的混合。”[①]《民法典》物权编作为物权法律的核心内容，不仅仅要通过法律来规制人们的行为，使物的静态所有关系更加明晰，使社会更有秩序；其还是关注经济效益的法律，同时还肩负着使物的经济效用得到最大限度发挥的任务。因此，在强行性规范规制人们行为的同时，给予物之所有人或使用人以一定私法自治的余地无疑能够使整个社会的总体效率增加。[②] 也正因如此，环境相邻权不但继承了相邻权的基因，还会在更广阔的“相邻关系”（突破以往相邻不动产的范围）发挥这一利益最大化的特点，有利于起到定分止争、团结互助的作用。

二、法学理论研究意义

（一）完善丰富民法学和环境法学理论研究体系

环境相邻权研究的逻辑起点是基于民法学相邻权和环境法学的环境权理论，但又是对这二者的超越。环境相邻权是既取相邻权的“相邻性”又兼采环境权的环境权权益属性，而形成的一个新的独立于相邻权和环境权的新型权利。因此，对环境相邻权的研究是有别于以往的民法学和环境法学的原有权利的研究，是对我国民法学和环境法学的研究体系的进一步丰富。

（二）有利于民法学与环境法学的借鉴和比较研究

“法律部门是根据一定的标准和原则，按照法律规范自身的不

---

① 尹田：《法国物权法》，法律出版社1998年版，第372页。

② 李显冬、孟磊主编：《中华人民共和国民法典物权编实务指引与案例解读》（上册），中国法制出版社2021年版，第834页。

同性质、调整社会关系的不同领域和不同方法等所划分的同类法律规范的总和。”[①]法律体系中有不同的法律部门的划分。同样在法学体系中，研究不同部门法的法学分支学科一般也被称为某某法学科，如民法法学学科和环境法法学学科。《民法典》规定了相当丰富的绿色条款，对人民的美好生活新期盼、绿色发展与生态文明建设等问题作出积极回应，在一定程度上明确了新时代民法与环境法的关系，是学界对民法典的重要贡献。[②] 这也体现出民法学学科和环境法学学科的借鉴和融合。环境相邻权研究是借鉴和结合民法学和环境法学的研究成果基础之上所进行的理论研究，因此表现出其理论渊源的二元性。在这一问题上的深入研究有利于民法学与环境法学的借鉴和比较研究。

第三节　国内外研究现状

一、国内研究现状

环境相邻权在国内的研究还基本上处于理论起步阶段，研究也并不十分深入。

国内的著作一般是在民法研究领域对相邻关系的论述，比较有代表性的有史尚宽在《物权法论》[③]第三章中对相邻关系的阐释。在第二节不动产之所有权第二目土地相邻关系中的邻地损害之防免的不可量物及其类似物之侵入、液体固体之侵入、邻地地基动摇或危险及工作物损害之防免、工作物危险之预防请求。第四目详细

---

① 张文显主编：《法理学》（第5版），高等教育出版社2018年版，第102页。

② 参见王利明：《总结民法典编纂经验　推动民法典贯彻实施》，载《人民日报》2021年4月16日，第15版。

③ 史尚宽：《物权法论》，中国政法大学出版社2000年版，第87～117页。

分析了建筑物区分所有人之相邻关系。这些论述都为日后我国民法上的相邻关系研究奠定了基础。后来的研究成果虽然有所超越，但是基本上也还是在史尚宽的论述范围。王利明的《物权法研究》[①]专列第十二章论述相邻关系。该书第二节相邻关系的种类上第五个问题论述“保护环境所产生的相邻关系”，但是没有对环境保护相邻权予以论述，只是论述了基于我国《物权法》第 90 条(《物权法》已废止，该条被《民法典》第 294 条所沿袭，因此该处说理适用《民法典》第 294 条的规定)，分析了所谓的“不可量物的侵害”。而这种不可量物侵害较环境相邻权来说显然范围过窄，既没有涵盖因采光、通风、眺望等传统相邻关系保护因素而产生的环境相邻权问题，也没有包括因地下施工、振动等问题产生的环境相邻的保护问题。崔建远的《物权：规范与学说——以中国物权法的解释论为中心》[②]一书中第八章专门论述了相邻关系，并在第三节相邻关系的类型中把相邻关系分为用水排水相邻关系、相邻通行关系、因建造修缮建筑物以及铺设管线所形成的相邻关系、通风采光日照的相邻关系、不可量物侵入的相邻关系、相邻不动产损害之避免等相邻关系内容。在不可量物侵害相邻关系中，崔建远认为“对于不可量物侵入的法律责任的构成，虽然《物权法》仅限于违反国家规定(第 90 条)，但因我国对某些特定类型的不可量物的侵入尚无规定，此类不可量物的侵入在客观上已经造成巨大的损害，远远超出了一个理性人可忍受的程度，于此场合，若囿于《物权法》第 90 条的规定，不允许受害的相邻他方请求不可量物的酿造者或控制者承担相应的法

---

① 王利明：《物权法研究》(第 4 版)，中国人民大学出版社 2016 年版，第 856 ~ 902 页。

② 崔建远：《物权：规范与学说——以中国物权法的解释论为中心》，清华大学出版社 2011 年版，第 443 ~ 456 页。

律责任,显然极不适当"[①]。崔建远认为,应该"承认《物权法》第90条规定的适用范围过宽,不符合立法目的,应限缩其适用领域,增加例外,即对国家尚无规定的不可量物侵入,应根据具体情况加以确定"[②]。朱岩等的《中国物权法评注》[③]一书中第七章专门论述相邻关系,并分析了邻地使用关系、相邻防险关系。邻地使用关系中分析了因用水排水产生的相邻关系、土地通行的相邻关系、管线铺设的相邻关系、通风采光日照的相邻关系;相邻防险关系中分析了固体废物、大气污染物、水污染物以及其他不可量物侵害,不得危及相邻不动产的安全等内容。该书大部分环境相邻的内容从不可量物侵害角度予以阐述。陈小燕的《物权法研究》[④]一书中第七章论述不动产相邻关系,在第三节相邻关系的种类中论述了《物权法》细化了《民法通则》相关规定、相邻土地使用关系、相邻用水和排水关系、相邻土地建筑物之损害防免义务等内容。对环境相邻权亦无特别论述。

在相邻关系方面有较系统、较深入论述的,要数金启洲的《民法相邻关系制度》[⑤]一书。全书共九章,包括导论、各国民法相邻关系法律制度概览、民法相邻关系制度的概述、民法相邻关系制度研究——以不可量物侵入制度为中心、民法相邻关系法律规范性质分析、民法相邻关系制度法经济学分析、公法相邻关系制度初论——

① 崔建远:《物权:规范与学说——以中国物权法的解释论为中心》,清华大学出版社2011年版,第444~455页。

② 崔建远:《物权:规范与学说——以中国物权法的解释论为中心》,清华大学出版社2011年版,第455页。

③ 朱岩、高圣平、陈鑫:《中国物权法评注》,北京大学出版社2007年版,第295~306页。

④ 陈小燕:《物权法研究》,人民出版社2008年版,第120~126页。

⑤ 金启洲:《民法相邻关系制度》,法律出版社2009年版。

以德国法为中心、建筑物区分所有权相邻关系制度研究——兼论意定相邻关系、代结论:对我国民法相邻关系制度立法状况的回顾评析和检讨等内容。该书虽然没有对环境相邻权问题进行专门的论述,但也在相关问题上有所研究:该书第四章专章研究了不可量物侵害制度,分析了罗马法不可量物侵入制度、德国不可量物侵入制度、法国近邻妨害制度;第七章分析了公法相邻关系制度,"随着社会的发展和科技进步,仅仅依靠调整私人关系和以保护私人利益为目的的民法相邻关系制度远远不能解决相邻土地空间的利用问题。这个问题突出地反映在环境污染和城市发展上面。环境污染造成的损害不是发生在可特定化的个别私人之间,而是发生在特定一方(污染源)与不特定的公众之间,环境污染问题的防治所保护的主要不是私人利益,而是具有很强公共利益色彩的环境利益"①。通过公法相邻法弥补私法相邻法在环境保护问题上的不足。②

除专著外,国内学者在理论期刊上亦有相关文章,比较有代表性的文章有王明远发表在 1999 年第 3 期《法学研究》上的《相邻关系制度的调整与环境侵权的救济》一文。文章中论述了相邻关系与权利滥用、环境相邻关系权利滥用和环境侵权责任、环境侵害的排除利益衡量和环境相邻关系制度的调整及其经济分析等三个问题。在环境相邻关系权利滥用和环境侵权责任问题中指出:"仅就环境污染和生态破坏而言,权利人因行使企业的营业权,利用自己或他人的土地经营工厂或从事开发建设活动而产生废水、废气、废渣、粉尘、辐射、噪音、热量、振动、地面下陷等侵害,危害邻人身体健康和财产的,如果超过社会容许限度,则构成权利滥

① 金启洲:《民法相邻关系制度》,法律出版社 2009 年版,第 203 页。

② 参见金启洲:《民法相邻关系制度》,法律出版社 2009 年版,第 221 ~225 页。

用、环境侵权。”[①]对于环境侵权与相邻权问题亦有论述:“对于包括环境侵权在内的相邻土地使用中损害的发生,大陆法国家民法典中大都规定有相邻关系法律制度,如德国的‘干扰侵害法’,英美法国家则有‘妨害法’,通过这些蕴含利益衡量原理的法律制度,在某种意义上往往可以较好地兼顾争议双方的利益。”[②]“而利益衡量原则的运用、相邻关系制度的调整和各国环境法制的完善,可以使法官更好地照顾到效率的观念,从而能够兼顾公平和效率两个方面的目标。”[③]吕忠梅在2000年第5期《中国法学》上发表的《关于物权法的“绿色”思考》一文中就“环境保护相邻权”有专门论述。吕忠梅认为:“在确立环境使用权的基础上,可以建立独立的环境保护相邻权,使之从传统的相邻权制度中独立出来,以更为完善地保护环境资源。”[④]“环境保护相邻权是指基于环境保护的客观要求而发生的一定范围内的相邻关系,是环境法律关系主体具体享受的权利和承担的相应义务。”[⑤]环境保护相邻权是一种邻地损害防免权,它有如下特点:相邻范围扩大、内容的广泛性、客体的生态性、利益的多元性、权利的复合性。[⑥] 章礼强发表在1998年第3期《学术界》上的《“相邻权”新探》一文对环境相邻权已有研究:“媒介相邻权或环境相邻权是指通过水流、空气等媒介对环境的相邻权。此种相邻权,可与环保法中的环境保护方面的立法规定相交叉。环保

---

① 王明远:《相邻关系制度的调整与环境侵权的救济》,载《法学研究》1999年第3期。

② 王明远:《相邻关系制度的调整与环境侵权的救济》,载《法学研究》1999年第3期。

③ 王明远:《相邻关系制度的调整与环境侵权的救济》,载《法学研究》1999年第3期。

④ 吕忠梅:《关于物权法的“绿色”思考》,载《中国法学》2000年第5期。

⑤ 吕忠梅:《关于物权法的“绿色”思考》,载《中国法学》2000年第5期。

⑥ 参见吕忠梅:《关于物权法的“绿色”思考》,载《中国法学》2000年第5期。

法是国家从宏观方面对环境保护方面的立法，而民法相邻权中的环境相邻权则侧重于调整平等主体间的相邻环境关系，着重点不一样，承担的责任也不一样。”[①]张鹏、曹诗权发表在2000年第2期《法学研究》上的《相邻关系的民法调整》一文论述了相邻关系传统定义之检讨、相邻权属性的再定位、相邻关系的立法原则、中国相邻关系立法简短思路等问题。在相邻关系民法调整方法的多元性中阐述了“相邻权”：“相邻权即赋予相邻一方利用另一方不动产的权利，为典型的相邻关系调整方法。”[②]“依德国法系所有权扩张说，相邻权实为不动产相邻而法定的所有权的延伸，可以利用邻人不动产，或法定的对所有权的限制，不得行使己所有权部分权能。但在法国体系，此种权利被界定为依法定而生的一种地役权。”[③]王清军在论文《环境相邻权的法理学分析》中分析了相邻、相邻权、环境相邻权、环境相邻权的权源、环境相邻权的本质等问题，提出了“环境相邻权，是指基于环境保护的客观要求而发生的一定范围的相邻关系，是环境法律关系依法享有的权利和承担的相应义务”[④]。该文章分析了环境相邻权的本质：环境相邻权是一项财产权利和人格权利相结合的复合性权利，是公法、私法和习惯共同调整的复合性权利。[⑤] 朱春玉发表在2003年第3期《山西师大学报（社会科学版）》上的《环境权范畴研究述评》一文中分析了环境权的内涵与作用、环境权的性质及价值评价相关问题。文章中论述了国内理论界的一

① 章礼强：《“相邻权”新探》，载《学术界》1998年第3期。

② 张鹏、曹诗权：《相邻关系的民法调整》，载《法学研究》2000年第2期。

③ 张鹏、曹诗权：《相邻关系的民法调整》，载《法学研究》2000年第2期。

④ 王清军：《环境相邻权的法理学分析》，中国法学会环境资源法学研究会2002年研讨会论文。

⑤ 参见王清军：《环境相邻权的法理学分析》，中国法学会环境资源法学研究会2002年研讨会论文。

种观点，即“认为环境权就是环境相邻权，包括通风权、疏水权、采光权等”[①]。赵红梅、于文轩发表在2004年第3期《法商研究》上的《环境权的法理念解析与法技术构造——一种社会法的解读》一文中，论述了环境权的法理念解析、环境权的法技术构造等问题。该文章在环境权的法技术构造中提出“在财产权中，近代大陆法系国家的民法的地役权和相邻权在环境权益保护中扮演着主要角色”[②]，还提出“对民法中的地役权和相邻权制度，应将其作为解决社会成员之间环境利益冲突的辅助性手段，并使其在国家环境管理权不介入的领域（如一般的生活性环境问题）中发挥积极作用”[③]的理论观点。金启洲在2006年第1期《环球法律评论》上发表的《德国公法相邻关系制度初论》一文，研究了公法相邻关系制度的产生及内容、公法相邻关系法与民法相邻关系法的关系、民法相邻关系法与公法相邻关系法的冲突与协调、我国公法相邻关系制度存在的主要问题等内容。“环境污染造成的损害一般不是发生在可特定化的个别私人之间，而是发生在特定一方（污染源）与不特定的公众之间，而且环境污染的防治所保护的主要不是私人利益，而是具有很强公共利益色彩的环境利益。”[④]“不应忽视的是，尽管这些公法规范主要调整作为管理者的政府机关和作为被管理者的私人之间的关系，以实现和保护公共利益为目的，故与民法存在本质区分，但这

① 朱春玉：《环境权范畴研究述评》，载《山西师大学报（社会科学版）》2003年第3期。

② 赵红梅、于文轩：《环境权的法理念解析与法技术构造——一种社会法的解读》，载《法商研究》2004年第3期。

③ 赵红梅、于文轩：《环境权的法理念解析与法技术构造——一种社会法的解读》，载《法商研究》2004年第3期。

④ 金启洲：《德国公法相邻关系制度初论》，载《环球法律评论》2006年第1期。

些公法规范有时也会直接影响到第三人的利益。”①“所以，为了防止行政权力的滥用，避免行政机关假借公共利益名义过度侵害第三人的利益，立法者在制定这些公法规范时，除了实现公共利益的目的外，也必须兼顾第三人利益保护。”②“这种包含有以保护邻人（第三人）利益为目的的公法规范就是公法相邻关系法，邻人所享有的权利即为公法相邻权。”③此外，该文章还对不可量物侵害、私法上的因采光等相邻权冲突进行了研究。曹树青发表在2006年第4期《科技与法律》上的《环境地役权探究》一文，对传统环境地役权和环境相邻权进行了区分："环境保护相邻权源于法律的直接规定，是对当事人利益需要的最低限度的调整，一般表现为无偿；而环境地役权基于双方当事人的合同产生，它是对环境利益的更高满足，一般表现为有偿，有时也有无偿。”④王世进、周辉、吴菲等在论文《论环境相邻权的保护》中研究了环境权、相邻权、环境相邻权以及环境相邻权的性质，我国法律对环境相邻权的保护存在的主要问题，国外关于环境相邻权保护的情况，我国环境相邻权法律保护的完善等四方面问题。该文章认为“环境相邻权是一种私权，由民法进行调整和规范”⑤，进一步明确了我国环境相邻权法律保护的完善，即在宪法中规定环境相邻权；在民法、环境法等立法中对环境相邻权的保护作出规定：确立环境相邻权概念、健全和完善侵害环境相邻权的救济途径、以专门性的环境保护单行法律法规为核心来

① 金启洲：《德国公法相邻关系制度初论》，载《环球法律评论》2006年第1期。

② 金启洲：《德国公法相邻关系制度初论》，载《环球法律评论》2006年第1期。

③ 金启洲：《德国公法相邻关系制度初论》，载《环球法律评论》2006年第1期。

④ 曹树青：《环境地役权探究》，载《科技与法律》2006年第4期。

⑤ 王世进、周辉、吴菲等：《论环境相邻权的保护》，载《在资源节约型、环境友好型社会建设与环境资源法的热点问题研究——2006年全国环境资源法学研讨会（年会）论文集》。

保护公民的权益。[①] 胡纪平、吴贤静发表在2007年第3期《江南大学学报(人文社会科学版)》上的《相邻关系与相邻环境权制度的建立》一文,研究了国内外相关立法及理论考察、相邻关系的生态化、相邻关系内容的嬗变、相邻关系主体成为污染防治的主体等方面,最终得出结论:“相邻环境权制度是民法与环境法相结合的产物,是部门法协同合作的范例。相邻环境权制度也是开放的民法与时俱进的演变的表现。相邻环境权制度的构建有助于和谐法律秩序的形成。”[②]黄喜春发表在2007年第3期《中国环境管理干部学院学报》上的《刍论环境保护相邻权制度》一文,分析了传统民法意义上的相邻权释义、确立环境保护相邻权制度、确立环境保护相邻权的意义等问题,提出“在我国物权法理论中建立环境保护相邻权制度,使不动产双方的环境保护法律关系得以纳入民法、物权法的调整范畴,此举将更为圆满周全地保护普通民众的权益。所谓环境保护相邻权,是基于环境保护的需要而在一定的空间地域范围内的基于不动产而发生的相邻关系,它是环境保护法律关系主体应当享有的有关环境权益和承担的环境保护义务”[③],并提出“未来《物权法》的修改案或司法解释中应明确规定环境保护相邻权以补正现行立法之不足,以期建立一个更为完整科学的民法权利体系”[④]。陆一、丁笑微发表在2008年第8期《环境保护》上的《环境保护相邻权初论》

---

① 参见王世进、周辉、吴菲等:《论环境相邻权的保护》,载《在资源节约型、环境友好型社会建设与环境资源法的热点问题研究——2006年全国环境资源法学研讨会(年会)论文集》。

② 胡纪平、吴贤静:《相邻关系与相邻环境权制度的建立》,载《江南大学学报(人文社会科学版)》2007年第3期。

③ 黄喜春:《刍论环境保护相邻权制度》,载《中国环境管理干部学院学报》2007年第3期。

④ 黄喜春:《刍论环境保护相邻权制度》,载《中国环境管理干部学院学报》2007年第3期。

一文,分析了环境保护相邻权立法意义的"进步性"、环境保护相邻权制度设计的"现代性"、环境保护相邻权适用要件的"复杂性"等问题,对环境保护相邻权进行了法理和法律文件上的设构。[①] 齐恩平发表在2009年第3期《法学杂志》上的《业主区分所有之相邻权研究》一文,分析了业主区分所有之相邻权的正当性解读、业主区分所有之相邻权的内涵界定、业主区分所有之相邻权的内容等问题,并在业主区分所有之相邻权的内容中从业主权中分析了环境保护相邻权,"环境保护相邻权是指在区分所有法律关系范围内,业主具体享受小区环境利益的权利和承担的相应义务。小区环境保护相邻权不是以不动产的相互毗邻为前提的,而是基于小区区分所有权的法律关系,是业主基于环境的生物性、地理上的整体性、生态的连锁性和环境影响的广泛性而发生的'相邻关系'"。康纪田发表在2010年第6期《北方法学》上的《矿业相邻关系立法初论》一文,分析了缺乏现代矿业相邻关系制度的困惑、现代矿业垂直相邻关系的前提是界定产权、矿业水平相邻关系的关键是突破传统理论、矿业环境相邻关系的重点是激励私人的作用、现代矿业相邻关系的制度设置等五方面问题。该文章认为,采矿权相邻的中间资源使不断变化的相邻关系进一步复杂化,"矿业环境保护相邻关系是典型的有代表性的矿业相邻权与成员环境权的对接"[②]。康纪田发表在2010年第6期《中国环境管理干部学院学报》上的《矿业环境相邻关系立法初探》一文,研究了矿业环境相邻关系的合理界定、矿业环境相邻关系的权利结构、矿业环境相邻关系的原则——理性容忍、矿业环境相邻关系的立法建议四方面问题。该文章在矿业环境相邻关

---

① 参见陆一、丁笑微:《环境保护相邻权初论》,载《环境保护》2008年第8期。

② 康纪田:《矿业相邻关系立法初论》,载《北方法学》2010年第6期。

系的合理界定中分析了依《物权法》界定矿业环境相邻关系这一内容,并得出结论:“根据矿业发达国家的经验和对我国现实的应然性研究,我国矿业立法时应专章设置‘矿业相邻关系’制度,在矿业相邻关系中突出规定矿业环境相邻关系;界定矿业环境相邻权和矿业成员环境权、相邻对方的容忍义务以及矿业环境相邻关系的保护方式;为保护矿业环境,可以赋予矿山企业相邻对方一些特殊性的权利,有利于民众通过自己的力量具体实施。”①与之类似的文章还有康纪田发表在2011年第2期《中国地质大学学报(社会科学版)》上的《立体性矿业相邻关系初探》;②黄永香、康纪田发表在2011年第9期《环境科学与技术》上的《矿业环境相邻关系的界定及保护》;③康纪田发表在2013年第1期《环境与可持续发展》上的《重构矿山企业环境民事法律责任》;④杨朝霞发表在2013年第3期《法学论坛》上的《论环境公益诉讼的权利基础和起诉顺位——兼谈自然资源物权和环境权的理论要点》⑤。

在学位论文领域,环境相邻权的硕士论文还是较为丰硕的,但博士论文数量较少。除金启洲的博士学位论文《民法相邻关系制度》外,比较有代表性的有:韩光明的《不动产相邻关系规则分

① 康纪田:《矿业环境相邻关系立法初探》,载《中国环境管理干部学院学报》2010年第6期。

② 康纪田:《立体性矿业相邻关系初探》,载《中国地质大学学报(社会科学版)》2011年第2期。

③ 黄永香、康纪田:《矿业环境相邻关系的界定及保护》,载《环境科学与技术》2011年第9期。

④ 康纪田:《重构矿山企业环境民事法律责任》,载《环境与可持续发展》2013年第1期。

⑤ 杨朝霞:《论环境公益诉讼的权利基础和起诉顺位——兼谈自然资源物权和环境权的理论要点》,载《法学论坛》2013年第3期。

析》[①]、李云波的《相邻不可量物排放关系的私法调整》[②]、刘丽的《侵权法上私人妨害制度比较研究》[③]。韩光明的《不动产相邻关系规则分析》分为五章,论述了相邻关系的概念与理论基础、相邻关系规则的历史变迁、相邻关系的规则属性分析、相邻关系规则的结构分析和我国相邻关系规则立法分析等内容。整篇文章对相邻关系梳理十分详细,但是并没有对环境相邻权进行阐述。李云波的《相邻不可量物排放关系的私法调整》一文分为域外法考察——以德国法为中心、我国的相邻不可量物排放规则、相邻不可量物排放的两种形态、相邻不可量物排放关系中的容忍义务、相邻不可量物侵害的私法救济五部分,对不可量物排放这一问题进行了深入考察和研究。刘丽的《侵权法上私人妨害制度比较研究》从我国相邻关系法律规定存在的问题以及如何完善我国相邻关系法律规范两个方面阐述中国语境下的私人妨害即相邻关系法律制度的构建。

硕士论文较多,主要有:2006 年对外经济贸易大学谢敏《论环保时代的相邻关系及其法律保护》、2008 年吉林大学胡魏爽《论环境保护相邻权》、2008 年湖南大学魏怡琴《环境相邻关系制度研究》、2009 年吉林大学李玉泉《环境保护相邻权研究》、2009 年中国政法大学张小羿《环境权视野下的相邻关系制度研究》、2009 年山东大学丁晨星《论我国环境相邻权制度的建立和完善》、2011 年西北农林科技大学古南正皓《环境相邻关系制度研究》、2012 年西北民族大学李思成《环境相邻关系法律制度研究》、2015 年西南政法

---

① 参见韩光明:《不动产相邻关系规则分析》,中国政法大学 2006 年博士学位论文,第 1 ~5 章。

② 参见李云波:《相邻不可量物排放关系的私法调整》,复旦大学 2011 年博士学位论文,第 1 ~5 章。

③ 参见刘丽:《侵权法上私人妨害制度比较研究》,对外经济贸易大学 2014 年博士学位论文,第 6 章。

大学朱兴琴《相邻不可量物侵害规则研究》、2018 年中南财经政法大学区树添《论我国相邻污染侵害案件的法律适用》、2018 年贵州大学陇婷《相邻污染侵害法律适用之改进》等多篇硕士学位论文。

二、国外研究现状

国外的环境相邻权问题研究主要基于对民法相邻关系和环境保护权益的研究。国外对民法相邻关系和环境保护权益进行理论研究的起步较早，在大陆法系国家和英美法系国家亦有不同理论。现代各国民法中，相邻关系制度也在向着有利于环境保护的方向发展，如大陆法系国家的不可称量物侵害制度、英美法系国家的私人妨害（也称私益妨害或安居妨害）制度等。德国的不可量物侵害制度是环境相邻侵权制度的典型代表，也是影响整个大陆法系国家的重要制度。法国对相邻环境侵权行为的救济，适用的是近邻妨害法律制度。

具体理论与法律文件上，《德国民法典》主要在第 906 条作出规定："（1）土地所有人不得禁止煤气、蒸汽、臭气、烟、煤烟、热、噪音、震动以及从另一土地发出的类似干涉的侵入，但以该干涉不妨害或者仅轻微地妨碍其土地的使用为限。在通常情况下，法律或者法规命令规定的极限值或者标准值不被依照这些规定算出和评价的，即为存在轻微的妨害。（2）在重大的妨害是由对另一土地进行当地通常的使用而引起，并且不能被在经济上对这个使用人来说可合理地期待的措施所阻止的限度内，亦同。土地所有人须容忍某一干涉，并且该干涉超过合理地期待的限度，侵害对其土地进行当地通常的使用或者侵害其土地的收益的，土地所有人可以向另一土地的使用人要求适当的金钱补偿。（3）不准许以特别管道进行侵入。"[①]德国

① 《德国民法典》，郑冲、贾红梅译，法律出版社 1999 年版，第 213～214 页。

在建立相邻关系制度时,放弃了德国法特有的高度抽象的表现方法,对于细节事项大都由条目繁多的州法来制定,而这些条文大都是由世代流传保持的习惯演变而来的。因而,德国的相邻关系立法在法律形式上是若干具体的法规相并列,而理论上则以判例作为其发展契机。[①] 法国的近邻妨害制度主要规定在判例中。20 世纪,法国的学者们正式开始了对近邻妨害制度的研究。随着判例与学说的长期协力,该制度趋于成熟,其内容主要包括了噪声、震动、煤烟、恶臭、粉尘、辐射、光害、落叶等干扰性侵害,以及因挖掘、排水等导致的邻人侵害等。[②] 在英美法中,类似于德国不可量物侵害的,用于调整环境相邻关系的法律制度称为私人妨害(也称私益妨害或安居妨害)制度。妨害,又译为侵扰、骚扰、公害,是一个早在约 13 世纪就已经出现的古老诉因,其含义是"使用你自己的财产而不要伤害你邻居的财产"[③]。与英国严格区分公共妨害与私人妨害相比,美国现代妨害法出现了两者相互融合的发展趋势,即尽量抛弃传统的不同类型损害原则,不论公共妨害或私人妨害,均允许受害的个人提起法律诉讼,从而有利于扩大妨害法在环境保护领域特别是环境侵害排除方面的运用范围。[④]

---

① 参见陈华彬:《德国相邻关系制度研究》,载梁慧星主编:《民商法论丛》(第 4 卷),法律出版社 1996 年版。

② 参见陈华彬:《法国近邻妨害问题研究》,载梁慧星主编:《民商法论丛》(第 5 卷),法律出版社 1999 年版。

③ 徐爱国编著:《英美侵权行为法》,法律出版社 1999 年版,第 56 页。

④ 参见王曦:《美国环境法概论》,武汉大学出版社 1992 年版,第 124 ~ 126 页。

第一章　民法之相邻权分析

第一节　相邻关系与相邻权辨析

相邻关系或相邻权的称呼在学界存在争议。有的学者认为，相邻关系即相邻权；也有的学者认为，相邻权提法是不准确的，应该称为相邻关系。

一、相邻关系即相邻权

“相邻关系或相邻权最早起源于罗马法。罗马法中的地役权可谓是现代民法中相邻关系的雏形。”①其根源可以追溯到《汉谟拉比法典》和《十二铜表法》。“相邻关系的概念缘起于德国，相邻关系亦称相邻权。”②国内学者对于相邻关系的定义较多，既有从权利角度出发定义为权利的，亦有从义务角度出发定义为义务的，也有从法律关系角度定义为权利与义务相结合的。

从权利角度出发定义为权利，比较有代表性的有：史尚宽在其《物权法论》中指出：“相邻权亦称相邻关系，谓相邻接不动产之所有人间，为调和其冲突，以谋共同之利益，依法律之规定直接所认权利

① 王利明主编：《物权法名家讲坛》，中国人民大学出版社2008年版，第197页。

② 朱岩、高圣平、陈鑫：《中国物权法评注》，北京大学出版社2007年版，第300页。

之总称。故相邻权为所有权之限制或扩大。"①王利明认为:"相邻关系,从权利角度来讲又称为相邻权,它是为调节在行使不动产所有权时发生的权益冲突而产生的一种权利。根据法律的规定,不动产所有人和使用人行使权利,应给予相邻的不动产所有人和使用人以行使权利的必要的便利。这样,对于一方来说,因提供给对方必要的便利,就使自己的权利受到了限制;对于另一方来说,因为依法取得了必要的便利,则使自己的权利得到了延伸。"②"相邻关系是本着团结互助、公平合理的精神,处理发生于不动产相邻各方的权利冲突,要求相邻各方对他人行使权利予以容忍,而对自己权利行使加以限制所形成的法律关系。从权利的角度相邻关系可以称之为相邻权。"③

从义务角度出发定义为义务,比较有代表性的有:王泽鉴认为相邻关系"在规范内容方面,法律所采之手段为扩张一方之所有权,限制他方之排除请求权,课以作为或不作为之义务并设补偿制度,以资平衡"④。赵万一认为"所谓相邻关系是指不动产相互毗邻的所有人或使用人,基于财产的充分有效利用,而在相互之间形成的一种法定的权利义务关系。相邻关系就其性质来说是对不动产所有人权利行使的一种限制,是法律对不动产所有人附加的一项社会性义务"⑤。

从法律关系角度定义为权利与义务相结合,比较有代表性的有:魏振瀛认为:"相邻不动产的所有人或使用人在各自行使自己的合法权利时,都要尊重他方所有人或者使用人的权利,相互间应当给予一

① 史尚宽:《物权法论》,中国政法大学出版社 2000 年版,第 87 页。

② 王利明:《物权法研究》(第 4 版),中国人民大学出版社 2016 年版,第 857 页。

③ 薄燕娜:《相邻关系与地役权》,载江平主编:《中美物权法的现状与发展》,清华大学出版社 2003 年版,第 433 页。

④ 王泽鉴:《民法物权》(第 1 册),中国政法大学出版社 1995 年版,第 170 页。

⑤ 赵万一:《相邻关系》,载王利明:《物权法名家讲坛》,中国人民大学出版社 2008 年版,第 197 页。

定的方便或接受一定的限制,法律将这种相邻人间的关系用权利义务的形式确定下来,就是相邻关系。可见,相邻关系是指两个以上相邻不动产的所有人或使用人,在行使占有、使用、收益、处分权利时因给对方提供必要便利而发生的权利义务关系。"[①]崔建远认为:"所谓相邻关系,又称不动产相邻关系,是指相邻不动产的权利人之间,因行使不动产权利而需要相邻各方给予便利和接受限制,法律为调和此种冲突以谋求相邻各方之间的共同利益而直接规定的权利义务关系。"[②]"相邻一方行使其不动产权利时要求相邻他方容忍甚至提供必要便利的权利,叫做相邻权。"[③]

二、认为相邻关系与相邻权有区别

有学者认为相邻权的提法是值得商榷的,提出"相邻权"之"权"究竟是指权能还是权利的疑问。作为所有权限制的"相邻权"中的"权",是指与占有、使用等相并列的所有权权能,还是指与所有权、地上权等物权相并列的独立权利?如果将相邻权理解为所有权的权能,在逻辑上说不通。如果将相邻权理解为一项独立物权,则在体系上不允许。如果把相邻关系界定为一项独立的权利,即相邻权,那么该权利就必须要纳入整个民事权利体系之中,就具备一项独立权利的基本要素和性征。但是,相邻权并不具有支配性,而仅仅是一种权利冲突造成的特殊法律状态。[④]

"相邻关系作为所有权内容法定扩张和限制,属于所有权内容的

① 魏振瀛主编:《民法》(第8版),北京大学出版社2021年版,第272页。

② 崔建远:《物权:规范与学说——以中国物权法的解释论为中心》,清华大学出版社2011年版,第443页。

③ 崔建远:《物权:规范与学说——以中国物权法的解释论为中心》,清华大学出版社2011年版,第445页。

④ 参见韩光明:《不动产相邻关系规则分析》,中国政法大学2006年博士学位论文,第14页。

组成部分,因此,在考察相邻关系制度时,不能只从相邻权角度关注不动产所有权人所享有的权利,而是应从相邻关系(法律关系)角度同时考察所有权人享有的权利和承担的义务。从这个意义上讲,相邻关系概念较之于相邻权概念更具有合理性。"①但这种观点不否认相邻权概念的存在。

三、述评与说明

我国法律对相邻关系的具体规定是:《民法典》第288条:"不动产的相邻权利人应当按照有利生产、方便生活、团结互助、公平合理的原则,正确处理相邻关系。"《民法典》第2编第7章共9个条文规定了我国的相邻关系法律制度。我国原《物权法》第7章"相邻关系"中,并没有给出明确的相邻关系的定义,但条文表述的"不动产的相邻权利人"很显然不仅仅是所有权人,也包括不动产的实际使用人。因此,我国原《物权法》中规定的相邻关系是指不动产的相邻各方因行使所有权或者用益物权而发生的权利义务关系。②《德国民法典》第905条(所有权的限度)规定:"土地所有权人的权利扩及地面上的空间和场面下的地层。但所有权人不得禁止他人在排除干涉与所有权人无利害关系的高空和地层中所进行的干涉。"其设立的目的是解决相邻两个或多个所有人或使用人因行使权利而发生的冲突,维护不动产相邻各方之间的利益平衡。

上述学者虽从不同角度论述相邻关系或相邻权,但是其基本点均是认为相邻关系或相邻权是基于相邻不动产所有权权利人之间的权利冲突而产生为了谋求共同利益的最大化而必须对各自所有权进

① 金启洲:《德国公法相邻关系制度初论》,载《环球法律评论》2006年第1期。

② 参见王胜明主编、全国人大常委会法制工作委员会民法室编著:《物权法学习问答》,中国民主法制出版社2007年版,第127页。转引自朱岩、高圣平、陈鑫:《中国物权法评注》,北京大学出版社2007年版,第300~301页。

行一定的限制而产生的权利义务关系。只是有的学者认为相邻关系或相邻权是一种所有权的延伸,是权利;有的学者认为相邻关系是对相邻权利人所有权的限制,是义务;亦有学者认为二者兼而有之,既是权利又是义务。相邻一方行使其不动产权利时要求相邻他方容忍甚至提供必要便利的权利,这对一方即为权利,对另一方即为义务。而这种关系反之亦然。所以说只有在具体法律关系中才能确定是权利抑或义务。"相邻权的界定更有其深刻的道德价值。每个人都有为自己的利益自由行事的想法,也都想过舒适、享乐、宁静、和谐的家庭生活。社会生活中的人都会意识到自己有随心所欲生活的权利,只是不要给他人造成麻烦,否则他人也会有给自己生活造成麻烦的权利,哪怕他开始并没有意识到,最终也会接受该生活规则。"①

笔者认为,否定相邻权概念是不正确的。这是因为否定相邻权学者认为作为所有权限制的"相邻权"中的"权"既不是权能也不是权利,因此没有了作为权利存在之必要。这种观点和逻辑分析是值得商榷的。首先,"民事权利是民事主体实现其特定利益的法律手段"②。相邻关系领域存在法律所保护的特定利益。因此存在权利存在的特定利益前提。其次,相邻权属于所有权之权利延伸,归属于物权,当然是权利。再次,权利发挥何种权能不是判断权利存在与否的理论依据,这在逻辑上是本末倒置的。权能与权利不是一个层面上的概念,即先有权利才能有权能,而不能依据权能的存在与否判定权利是否存在。最后,相邻权的产生正是基于所有权的不动产使用权能而产生。为所有权之权力延伸,为不影响相邻不动产使用并取得最大利益而设定。

---

① 彭诚信:《现代意义相邻权的理解》,载《法制与社会发展》1999 年第 1 期。

② 魏振瀛:《民法》(第 8 版),北京大学出版社 2021 年版,第 35 页。

笔者认为，不动产相邻关系，简称相邻关系，又称相邻权，是指相互毗连或邻近的不动产之所有人或使用人之间在行使所有权或使用权时，因相互间依法应当给予方便或接受限制而发生的权利义务关系。这种权利义务关系从权利角度讲时，就是相邻权。“相邻权是指相毗邻不动产的所有权人或使用权人，为方便自己不动产的使用，在法律规定的范围和限度内，利用他人所有或使用的相邻不动产的权利。”①

那么，什么时候称为相邻关系，什么时候又称为相邻权呢？笔者认为，在处理相邻问题的法律实践时按照我国现行立法的规定称为相邻关系，而在权利行使角度称为相邻权。

相邻关系即相邻权，相邻权即相邻关系，笔者认为这种概念名称的转换在法理上并无矛盾。在具体相邻法律关系中，双方当事人表现为权利一方和义务一方，权利一方行使相邻权容易理解，义务一方为何也可称为相邻权呢？相邻权是相邻接不动产之所有人间调和冲突，谋共同利益，依法律之规定直接所认权利之总称。故相邻权为所有权之限制或扩大，即在具体相邻法律关系中，双方当事人表现为权利一方为相邻权为所有权之扩大；义务一方则为相邻权为所有权之限制。所以说相邻关系即相邻权，相邻权只是在不同的角度使用时为了方便表述而创设的一个“一体两面”的概念。相邻关系、相邻权概念不宜作详细的区分。学界“对‘相邻关系’和‘相邻权’不作严格区分，两个概念可相互替代使用”②。但是由于目前我国民事法律文件中均使用相邻关系这一概念，笔者进行理论论述也比较方便，因此文章中多使用相邻关系表述，只有在体现其权利属性时使用相邻权

---

① 王建鲁：《关于在我国民法中区分相邻权与地役权的思考》，载《中央政法管理干部学院学报》1997 年第 3 期。

② 金启洲：《民法相邻关系制度》，法律出版社 2009 年版，第 39 页。

概念进行表述。

第二节 相邻权的性质

对于相邻权的性质认识,学界有不同观点:一种是法定地役说,另一种是所有权扩张限制说。这两种学说在现实法律实践中均有其代表。法定地役说以法国为代表。法定地役说认为,“相邻关系依法律规定而产生,地役权是为调节相邻不动产之间的关系,依当事人的预定而产生,其中的内容则完全能够解释相邻权的权利义务关系,因此,用地役权吸收相邻权,对不动产的相邻关系作统一调整较为合理”①。例如,《法国民法典》第639条规定:“役权发生于地点的自然情况或法律所规定的义务,或数个所有人间的契约。”“法国法是把传统的相邻权定性为法定的地役权,统用地役权来调整相邻关系。法国之所以将相邻权定性为地役权,是因为相邻权和地役权是基于一定相邻的不动产而产生的相邻不动产的法律关系,将传统的相邻权转化成法律上所规定的地役权,可以避免两者关系不清产生的争议。”②

德国、日本、瑞士主张相邻权与地役权的分立,即在所有权内容里规定不动产相邻关系,并作为对所有权的延伸与限制;在用益物权部分规定地役权。我国也是采取这种模式。虽然通说认为相邻权是所有权的延伸或限制,具体来说亦有不同观点,如有的学者认为相邻权在性质上并不是一种独立的物权,有的学者认为其具有独立的权利内容和权能。但大体上认为相邻关系或相邻权的本质乃是不动产

---

① 刘乃忠:《地役权法律制度研究》,中国法制出版社2007年版,第206页。

② 刘乃忠:《地役权法律制度研究》,中国法制出版社2007年版,第206页。

所有权或使用权的延伸或限制。

一、相邻权不是一种独立的物权

“相邻关系是由法律直接规定，而不是由当事人通过契约设定，相邻关系是法律为调和相邻的不动产所有人或使用人之间的权利冲突而对所有权所作的限制，属于不动产所有权制度的一项重要内容，性质上并不是一种独立的物权。”①

“现代民法关于相邻关系的规定是十分具体和详尽的，对所有权的限制并不限于物权法，还有大量公法的规定对所有权的内容和行使方式也作出诸多限制。”②“所以，相邻关系是一种法定的权利安排，它不是法律设定的一种物权，而是两个不动产权利之间相互关系的制度安排，只是法律对所有权的限制，所以其不能形成独立物权。”③

二、相邻权是所有权的延伸

相邻关系的本质是不动产所有权或使用权的延伸或限制。从相邻权利讲，是所有权或使用权的适度扩张；从相邻义务讲，则是对所有权或使用权的适当限制。这种限制主要包括两个方面：一是不动产的所有人或使用人在利用自己的土地时必须限制在合理的范围内，不得影响不动产相邻关系人对其不动产的正常使用，也不能因其对自己财产的不当利用而影响相邻关系人的生活安宁。二是不动产的所有人或使用人在使用自己的不动产时，应当为不动产的相邻关系人利用自己的不动产提供必要的便利条件，容忍相邻关系人在合

---

① 陈小燕：《物权法研究》，人民出版社2008年版，第121页。

② 参见王泽鉴：《民法物权》（第1册），中国政法大学出版社2001年版，第220页。转引自王利明：《物权法研究》（第4版）（上卷），中国人民大学出版社2016年版，第1562页。

③ 王利明：《物权法研究》（第4版）（上卷），中国人民大学出版社2016年版，第1562页。

理范围内依法利用自己的不动产。“相邻关系同时包含有权利限制和权利享有两方面内容。一方权利的限制对另一方而言就表现为可以行使的权利。换言之,当一方当事人不为相邻方当事人提供便利条件时,相邻方当事人有权要求义务人履行提供方便条件的义务,直至申请法院强制履行。另外从权利义务对等的原则出发,一方当事人负有义务,对另一方当事人来说就应当享有相应的权利。在相邻关系这种权利就表现为相邻权。”①“相邻权作为相邻关系的权利部分,实质上是对不动产所有权或使用权适当扩张的结果。它的权源基础是相邻不动产权利人的所有权或使用权。权能是在为充分利用自己的不动产的情况下,在一定限度内合理使用邻人之不动产,并在邻人限制其使用或为此使用设置障碍时,有权请求取消限制,排除障碍。”②“相邻权应是一种自物权,首先,它是从所有权或使用权延伸出来的,本质上是对上述权利的扩张;其次,相邻权的目的旨在更好地实现不动产的所有权或使用权,而不重在利用他人不动产;再次,这也符合国际上的通常做法。在德国和我国台湾地区的有关法律规定中,相邻关系都是在不动产的所有权部分加以规定的。”③

此外,还有学者认为相邻关系被视为所有权的限制说法也不是很严谨,因为“所有权本身是不能限制的,所受到限制的只是所有权的内容或权能。另外,所有权的限制也会引起不必要误解,因为所有权包含多种权能,所有权限制常常使人以为所有权的所有权能都受到限制,但在相邻关系中,仅是一个使用权能的扩张,并不当然包含

① 赵万一:《相邻关系》,载王利明:《物权法名家讲坛》,中国人民大学出版社 2008 年版,第 199 页。

② 赵万一:《相邻关系》,载王利明:《物权法名家讲坛》,中国人民大学出版社 2008 年版,第 199 页。

③ 赵万一:《相邻关系》,载王利明:《物权法名家讲坛》,中国人民大学出版社 2008 年版,第 199 页。

所有权的扩张,亦即使用权的扩张并不表示其余的收益、处分、占有与排除他人干涉的权能亦因此而扩张;同理,排除他人干涉权能的限制亦不表示其余所有权的权能亦受到限制。所以,相邻关系的本质应该理解为是所有权内容或权能的限制,而非所有权的限制"①。

三、相邻权是具有人格利益的物权权利

随着对相邻权问题研究的深入,有一些学者提出相邻权不但是物权而且还应该包含人格利益:"相邻权是兼具财产性利益和人格性利益在内的天然附属于不动产利用的权利,而其最终的实现又多体现为财产性权利。"②"不应再固守于只是对土地、房屋的利用提供方便的权利,其实还应包括为人们日常生活提供方便的权利。"③

"相邻权在现代社会已经形成由公法、私法和自律法所共同调整的关系的事实,更说明了以所有权来界定相邻权的性质有其局限性。"④"相邻权的适用范围已经突破了所有权的限制或扩张的界限。所以若从所有权的角度对其进行定性是否与社会现实以及实际内容不符,进而背离了定性的原则。相邻权的权源已不仅是所有权,而且还有使用权,包括物权性的使用权和债权性的使用权。"⑤笔者对这种观点深表赞同。因为相邻权表现出所有权的限制,不仅是为了实现物尽其用的民法基本立法精神、协调利益冲突、确立行为规则、维护社会和谐,也要保护个人的基本生存利益甚至要为人们日常生活提供便利。诸如:人们为了正常生活必须享有基本的通风、采光权利,人们为了生活得更好享受不被打扰等权益。因此,相邻权不但是

① 金启洲:《民法相邻关系制度》,法律出版社2009年版,第61~62页。
② 彭诚信:《现代意义相邻权的理解》,载《法制与社会发展》1999年第1期。
③ 彭诚信:《现代意义相邻权的理解》,载《法制与社会发展》1999年第1期。
④ 孙良国、周团结:《相邻权问题三论》,载《当代法学》2002年第1期。
⑤ 孙良国、周团结:《相邻权问题三论》,载《当代法学》2002年第1期。

物权权利,而且还应该是具有人格利益的权利。

第三节　相邻关系的特征

一、各家学说简介

相邻关系具有的特征学界亦有不同说法:

三特征说:第一,相邻关系发生在两个以上的不动产相邻的所有人或者使用人之间。第二,相邻关系的客体一般不是不动产和动产本身,而是由行使所有权或者使用权所引起的和邻人有关的经济利益或者其他利益,如噪声影响邻人休息,对于不动产和动产本身的归属并不发生争议。第三,相邻关系的发生常与不动产的自然条件有关,即两个以上所有人或使用人的财产应当是相邻的。[①]

四特征说:第一,相邻关系是一种法定的权利义务关系。第二,相邻关系只发生在相互毗邻的不动产所有人或使用人之间。第三,相邻关系的客体不是相邻的不动产本身,而是相邻关系各方行使不动产的所有权或使用权时互相给予方便或接受限制所追求的利益。第四,相邻关系的基本内容是相邻不动产的所有人或使用人享有的要求对方为其行使权利给予必要方便的权利和对方接受此种必要限制的义务。[②]

五特征说:第一,相邻关系是依据法律的规定而产生的。第二,相邻关系的主体必须是两个或两个以上的人。第三,相邻关系是因为主体所有或使用的不动产相邻而发生的,如因为房屋相邻产生了

---

① 参见魏振瀛:《民法》(第8版),北京大学出版社2021年版,第272~273页。

② 参见赵万一:《相邻关系》,载王利明:《物权法名家讲坛》,中国人民大学出版社2008年版,第200~201页。

通风、采光的相邻关系。第四,相邻权的内容十分复杂。相邻权因种类不同而具有不同的内容,但是基本上包括两个方面:一是相邻一方有权要求他方提供必要的便利,他方应给予必要的便利。二是相邻各方行使权利,不得损害他方的合法权益。第五,相邻关系的客体主要是行使不动产权利所体现的利益。①

二、关于五特征说的基本考虑

笔者认为五特征说比较准确,因为五特征说与三特征说相比更加明确具体,增加了相邻关系是依据法律的规定而产生的和相邻权的内容十分复杂两个特征。相邻关系依法产生即表明相邻关系是法律对所有权的强制性限制。"相邻关系不适用物权变动的一般规则,也不需要通过订立合同的方式设立,更不需要办理登记。相邻权是依法产生的,不存在设定的问题,也不存在公示的问题。"②"虽然相邻关系是法定的,但不能完全排斥当事人的约定。也就是说在相邻关系中,还存在当事人意思自治的空间的。"③"允许当事人在行使不动产权利中享有一定的自治空间,从而能更有效地利用资源,是十分必要的。"④

五特征说与四特征说相比,强调了相邻关系的主体必须是两个或两个以上的人。因为一人不可能构成相邻。相邻关系可以在自然人之间,也可以在法人之间,或在自然人与法人之间发生。相邻权的

---

① 参见王利明:《物权法研究》(第4版)(上卷),中国人民大学出版社2016年版,第1552~1561页。

② 王利明:《物权法研究》(第4版)(上卷),中国人民大学出版社2016年版,第1554页。

③ 王利明:《物权法研究》(第4版)(上卷),中国人民大学出版社2016年版,第1554页。

④ 参见苏永钦主编:《民法物权争议问题研究》,台北,五南图书出版股份有限公司1999年版,第133页。转引自王利明:《物权法研究》(第4版)(上卷),中国人民大学出版社2016年版,第1554~1555页。

主体无论是自然人还是法人,都必须是相邻不动产的所有人或使用人,对不动产享有合法权益。[①] 相邻关系制度旨在调整不动产权利人之间的利益冲突,因而必须以不动产权利人享有权益为前提。

第四节　相邻关系的种类

一、《民法典》关于相邻关系的分类

《民法典》中关于相邻关系的规定基本沿用了原《物权法》,以单独一章对相邻关系做出了两种形式的限制:一是积极作为,即不动产权利人要在邻人使用其不动产时提供一定的便利条件,容忍其对自己的不动产的合理使用,包括为邻人提供通行、引水、排水等方面的便利。二是消极不作为,即不得做出影响邻人正常使用不动产以及享有安宁生活环境的行为,包括不得妨碍相邻建筑物的通风、采光和日照、不得违反国家规定弃置固体废物、排放有害物质、不得因挖掘土地、建造建筑物、铺设管线以及安装设备危及相邻不动产的安全或对不动产权利人的权益造成损害。实践中,常见的相邻关系有七类:一是相邻用水、流水、截水、排水关系;二是相邻通行关系;三是相邻管线安设关系;四是相邻防险、排污关系;五是相邻光照、通风、采光关系;六是相邻不可量物侵害关系;七是相邻竹木归属关系。[②] 上述关系中与环境权和环境污染有关的主要是相邻用水、流水、截水、排水关系,相邻关系安设关系,相邻防险、排污关系,相邻光照、通风、采光关系,相邻不可量物侵害关系等。

---

① 王利明:《物权法研究》(第4版)(上卷),中国人民大学出版社2016年版,第1555页。

② 参见魏振瀛:《民法》(第8版),北京大学出版社2021年版,第273~275页。

二、其他国家和地区对相邻关系的分类

相邻关系产生的原因很多,种类复杂:

其他国家对相邻关系的规定种类较多,大致可分为十二类:一是用水、排水的相邻关系。二是袋地通行权。德国、法国、日本民法规定,土地被他人土地包围,与公路没有适宜的联络,致使不能正常使用的,土地权利人可以通行周围的土地以到达公路。但应该选择损害最小处所及方法通行,袋地的权利人能通行受让人或者让与人的土地,而且无须支付偿金。三是关于管线安设权。四是禁止侵入土地的例外。德国、瑞士民法规定,土地权利人有权禁止他人侵入其土地。但下列情形之一的除外,第一,他人有通行权的;第二,依当地习惯,许可他人进入其未设围障的土地刈取杂草,采集枯枝、枯干,采集野生植物或放牧牲畜等;第三,他人物品或者动物偶然失落于其土地时,应允许他人进入其土地取回;第四,相邻的土地权利人因建造、修缮建筑物暂时而且有必要使用其土地的。五是关于越界建筑。六是建筑物等有倾倒危险的预防。德国民法规定,建筑物或其他工作物全部或一部分有倾倒的可能,致邻地有损害发生的危险时,邻地权利人可以请求其采取必要的预防措施。七是建筑物滴水。法国、意大利、日本民法规定,不动产权利人应当设置屋檐等工作物,使雨水滴于自己的土地或者公共道路,不得使雨水直接滴注相邻的不动产。八是通风与采光。意大利、瑞士和日本民法规定,不动产权利人在建造建筑物时,应与相邻建筑物保持适当的距离,并且限制其适当的高度,不得妨碍相邻建筑物的通风和采光。九是植物越界的刈除。法国、意大利、日本民法规定,土地权利人遇邻地的竹木的根枝越界时,可以向竹木的所有人请求在适当时间内除去。在此期间内没有除去的,土地权利人可以自行除去。十是邻地人的果实取得权。德国、法国、意大利民法和我国台湾地区“民法”规定,果实自落于邻地的,视

为属于邻地的权利人所有。十一是禁止不可称量物质的侵入。德国民法和我国台湾地区“民法”规定，土地权利人有权禁止相邻土地权利人排放大气污染物、水污染物、固体废物，以及施放噪声、振动等侵入。但其侵入轻微或依当地习惯认为相当的，不在此限。十二是电信妨害的改善请求权。我国台湾地区“民法修正案”规定，土地权利人建造建筑物或者其他工作物，致相邻土地权利人的电信接收受其妨害时，相邻土地权利人可以请求为必要的改善。但妨害轻微的，不适用以上规定。①

根据我国原《物权法》的规定，相邻关系可以分为两大类型：一类是提供积极便利的相邻关系，即用水、排水、通行等积极为邻人提供方便所产生的相邻关系。另一类是消极不作为的相邻关系，即要求不动产权利人不得从事一些特定的行为所产生的关系。实践中，常见的相邻关系与环境权和环境污染有关的主要是相邻用水、流水、截水、排水关系，相邻关系安设关系，相邻防险、排污关系，相邻光照、通风、采光关系，相邻不可量物侵害关系等。

第五节　相邻权与地役权的区分

相邻关系或相邻权最早起源于罗马法。罗马法中的地役权可谓是现代民法中相邻关系的雏形。相邻权与地役权有相似之处。地役权的概念源于古罗马法，后为许多国家尤其是大陆法系国家的民法所采纳。“地役权系指土地所有人或土地使用人为了使用、经营土地的便利而使用他人土地的权利，土地的所有人或使用人必须按照法

① 参见全国人民代表大会常务委员会法制工作委员会民法室编著：《物权法立法背景与观点全集》，法律出版社 2007 年版，第 423 ~ 427 页。

律的规定或当事人的约定合理使用他人土地。”①地役权的主体通常为需役地的所有权人,因同一宗土地上只有一个所有权,因此,大陆法系国家地役权的成立以两宗土地即需役地和供役地的存在为必要。地役权的成立一般以相邻关系为基础,且地役权与相邻权在内容上也颇为相似,均是利用邻地为自己使用土地提供便利,反映了因土地相邻而在土地利用过程中的权利义务关系,但两者具有本质上的不同。②

一、权利范畴不同

相邻权属于所有权的限制或扩张,属于所有权范畴;地役权属于用益物权范畴。这是因为相邻权是制止他方的某种有害行为或者要求他方在行使所有权时容忍自己某种有益行为的权利,并非在邻近的不动产上重新享有的物权,因此不是一项独立的用益物权,其本质是对相邻不动产所有权人或使用权人行使权利的限制或扩张,属于所有权的范围。地役权是为特定土地的利益而使用他人土地的权利,主要依据当事人之间签订的地役权合同的发生而发生,属于用益物权范围。

二、是否以相邻为必要限定不同

相邻权使用的范围不仅包括相邻不动产之间的关系,而且包括相邻建筑物等之间的关系,且需不动产相毗邻;而地役权由于土地利用范围有限,自地役权概念产生之初就要求设定地役权的土地相毗邻,且以需役地和供役地两宗土地的存在为必要前提。但是,随着现代社会的发展,土地利用范围在逐渐扩大。多数国家已经立法表明需役地和供役地无须邻接,只要有土地实际利用之需要就可使用他

① 刘乃忠:《地役权法律制度研究》,中国法制出版社2007年版,第4页。

② 参见薄燕娜:《相邻关系与地役权》,载江平:《中美物权法的现状与发展》,清华大学出版社2003年版,第434页。

人土地，过分强调地役权需要两宗土地的存在与毗邻已无必要。因此，地役权不以需役地与供役地毗邻为限度，土地既可以是相邻的，也可以是不相邻的，只要有事实上利用的需要，即可设定地役权。

三、权利属性不同

相邻权是法律为规范并保护相邻的良好秩序而设定，是强加于相邻土地所有者的义务，属于法定权利，在不给邻人造成损害的前提下，权利人可以对相邻不动产直接行使其权利；而地役权则是基于需役地的某种特殊需求而与供役地权利人协议取得，即相邻权为法定的，而地役权为意定的。

四、是否有偿不同

相邻权是法律对相邻土地利用关系进行最低限度调节的结果，为实现诚实信用原则和土地权利人的社会义务，不存在有偿问题，只有相邻关系发生了实际损害，受益人才必须对受害人予以赔偿；而地役权是相邻权调节之外的一种更为宽泛的权利，由双方契约而发生的地役权属于意定物权，是否支付对价及其数额、期限均由双方当事人协商确定。

五、权利的行使范围不同

为明确相邻不动产权利人的权利义务关系，减少权利行使时的利益冲突，调节相邻土地间利用，通过法律的直接规定产生了相邻权。“然在相邻关系，为法律上当然发生之利用调节，可以为所有权本身之范围，而在地役权，则系超过此法律所规定最小限度之调节，依当事人之意思，为较大之调节，而有由外部从属于所有权之性质。”①所以说，相邻权只是对不动产相邻关系最低限度、最小限度的调节，只能满足土地所有权人或使用权人为方便自己土地的使用而

---

① 史尚宽：《物权法论》，中国政法大学出版社2000年版，第221页。

利用邻人土地的最低限度的需要,而当土地所有权人或使用权人利用邻人的需要超过相邻权的范围时,相邻权无法调节,只能由当事人通过地役权方式进行约定以满足此权利要求。简单地说,相邻权权利范围因为是法定的小于可以意定的地役权的范围。

第六节 相邻关系在环境保护领域的局限性

一、权利本身之局限

通说认为相邻权是基于所有权的限制或扩张,这是相邻权的权利本质,但是这种权利的扩张是否和物权法概念体系相吻合呢?“所有权,众所周知乃任意支配自己物的权利,于一定范围内可随意支配物,但当以自己物的范围为界,超出己之物即无所有权,更无役使、利用之权。如系合法使用他人物,当基于意定或法定之对他人物所享有的他物权,绝不可能是因己之所有权而享有对他人物的利用、役使之权。否则,即和所有权概念相矛盾、冲突。”①“依相邻权扩张说,此权利为己之所有权内容,己方不动产所有权中当然包括了对邻人不动产的利用支配权,所有权的外延已经逾出己之物而包含邻人的不动产。所有权扩张说的这话解释使确定的所有权概念发生混淆,所有权的保护范围也难以明确。”②“所有权概念中包含了利用他人物的权利,这在逻辑上是不能成立的,理论上也是不严谨的。”③

相邻权是一种较好地解决相邻关系的法律方法,赋予一方不动产权利人对另一方不动产的使用权,或限制另一不动产所有权的行

---

① 史浩明、张鹏:《地役权》,中国法制出版社 2007 年版,第 96 页。
② 史浩明、张鹏:《地役权》,中国法制出版社 2007 年版,第 96 页。
③ 史浩明、张鹏:《地役权》,中国法制出版社 2007 年版,第 97 页。

使，以实现不动产物之价值，共同发展社会财富。法律的功能是给社会行为体系提供规范，只有严谨的规范体系才不致发生法律适用的混乱和冲突。相邻权作为所有权的扩张限制说从总体上说可以解决法律实践困境，但是从理论上说其与所有权概念的融合衔接似乎尚有不足之处，有待于进一步研究，是为理论本身的局限性。①

二、解决环境污染纠纷民法相邻关系适用具有局限性

在环境保护领域，目前提起环境民事诉讼的法律依据除去环境法上的具体规定，在民法上当事人适用最多的即为物权法上的相邻关系的规定，而这里面又以《民法典》第 294 条不可量物侵害制度最为常用。《民法典》第 294 条规定："不动产权利人不得违反国家规定弃置固体废物，排放大气污染物、水污染物、土壤污染物、噪声、光辐射、电磁辐射等有害物质。"该条实际上是关于不可量物侵害引发相邻关系的规定。所谓"不可量物侵害，是指按照通常的计量手段无法加以精确测量的某些物质因排放、扩散等致他人损害。""不可计量的物，大体如气体、音响、光线、尘埃、采石之粉、灰、火花、湿气、真菌类、噪音、电流、臭气、烟气、煤气以及'光的有意侵入'。"②因此可见我国对某些特定类型的不可量物侵害尚无规定，而有些不可量物的侵入已经在客观上造成了巨大的损害，达到了侵害的程度，超过一般人可以忍受的程度，而囿于《民法典》第 294 条的规定，不允许受害的相邻他方请求不可量物的制造者或控制者承担相应的责任，显然是不适当的。

"我国《物权法》第 90 条的目的是'环境保护'，其手段是，单方面课加给不动产权利人不得违反国家规定污染环境的义务，同时未

---

① 参见史浩明、张鹏：《地役权》，中国法制出版社 2007 年版，第 99 页。

② 陈华彬：《德国相邻关系制度研究》，载梁慧星：《民商法论丛》（第 4 卷），法律出版社 1996 年版，第 227 页。

明确赋予邻人对抗违法排污者的权利。整体上,该条从公法的角度而非从私法的角度;从不动产权人角度,而非从不动产权人与邻人之间关系的角度;从义务的角度而非从权利的角度;从强制的角度而非从私法自治的角度;从模糊的、'宜粗不宜细'的角度,而非从精确的角度;从混杂各种污染物的角度,而非从区分不可量物与其他污染物的角度等等,做出规定。"①这些亦是我国不可量物侵害制度的不足之处,直接导致了在处理环境污染民事纠纷时,民法相邻关系适用上有很大的局限性。

三、公法上相邻关系保护规定欠缺

随着经济建设的深入,城市的发展和工业产能的提升使本来在民法领域以相邻权保护的私法上的土地相邻关系面临新的挑战,即逐渐不能解决因城市扩建、环境污染所带来的相邻问题。诸如城市规划不合理引发的环境相邻纠纷,大范围的环境污染问题引发的环境突发事件等所关系到的不仅是每个自然人的私益,而更多的是社会公众的普遍利益或者称为公益,这使得相邻权的规定具有公法属性。例如,在建筑法、规划法、环境保护法等法律上的规定,具体而言,建筑法、规划法对建筑面积、区域、建筑高度、建筑间距等方面的规定。我国《城乡规划法》第40条规定:"在城市、镇规划区内进行建筑物、构筑物、道路、管线和其他工程建设的,建设单位或者个人应当向城市、县人民政府城乡规划主管部门或者省、自治区、直辖市人民政府确定的镇人民政府申请办理建设工程规划许可证。申请办理建设工程规划许可证,应当提交使用土地的有关证明文件、建设工程设计方案等材料。需要建设单位编制修建性详细规划的建设项目,还

① 李云波:《相邻不可量物排放关系的私法调整》,复旦大学2011年博士学位论文,第42页。

应当提交修建性详细规划。对符合控制性详细规划和规划条件的，由城市、县人民政府城乡规划主管部门或者省、自治区、直辖市人民政府确定的镇人民政府核发建设工程规划许可证。城市、县人民政府城乡规划主管部门或者省、自治区、直辖市人民政府确定的镇人民政府应当依法将经审定的修建性详细规划、建设工程设计方案的总平面图予以公布。”第41条规定：“在乡、村庄规划区内进行乡镇企业、乡村公共设施和公益事业建设的，建设单位或者个人应当向乡、镇人民政府提出申请，由乡、镇人民政府报城市、县人民政府城乡规划主管部门核发乡村建设规划许可证。在乡、村庄规划区内使用原有宅基地进行农村村民住宅建设的规划管理办法，由省、自治区、直辖市制定。在乡、村庄规划区内进行乡镇企业、乡村公共设施和公益事业建设以及农村村民住宅建设，不得占用农用地；确需占用农用地的，应当依照《中华人民共和国土地管理法》有关规定办理农用地转用审批手续后，由城市、县人民政府城乡规划主管部门核发乡村建设规划许可证。建设单位或者个人在取得乡村建设规划许可证后，方可办理用地审批手续。”在实践中曾发生过建设者持有正规手续建造建筑物或其他工程设施，而该建筑物或设施损害了邻人的利益，如采光、通风，邻人要求拆除建筑物或请求赔偿。这时建筑者以该建筑物系在规划行政主管机关批准下建造的合法建筑物进行抗辩，就产生了纠纷。与之相类似的情况是排污企业按照国家标准排放污染物导致相邻人合法权益的损失，如农田因为污水减产，因为排放空气污染物、粉尘污染物导致降低光线穿透率而减产，因为污染物造成健康损害等事件时，邻人主张权利却被污染者告知其符合国家法律规定而拒绝赔偿。因此，国家规划不合理、规划错误、环境标准过低等原因产生的相邻问题显然是公法相邻权问题。对这一问题的研究目前还不是很充分。

本章小结

本章对民法上的相邻关系进行了分析,是论文的基础研究型章节。笔者认为要想深入分析环境相邻权的权利构造,必须从其基础民法相邻权入手,深入研究相邻权的相关理论,以作好环境相邻权对民法相邻权的权利内容的继承。本章分六节展开:

第一节分析了相邻关系与相邻权,阐释了二者的关系,这在国内亦有不同观点。有人认为相邻关系即相邻权,亦有学者认为相邻关系与相邻权有区别,笔者详细对相关理论进行考证后进行评述,即认定相邻关系即相邻权,并对本书中何时使用相邻关系何时使用相邻权进行了说明。

第二节分析了相邻关系的性质,为后续分析环境相邻权的性质奠定基础。关于相邻关系的性质亦有不同说法:一种是法定地役说,另一种是所有权扩张限制说。经过分析考证认定国内通说为相邻关系或相邻权的本质乃是不动产所有权或使用权的延伸或限制。在此基础上,进一步分析了相邻权的法律性质:相邻权不是一种独立的物权、相邻权是所有权的延伸和相邻权是具有人格利益的物权权利。

第三节分析了相邻关系的特征,即国内的三特征说、四特征说和五特征说。对三种学说进行对比分析,认定五特征说比较科学,并做了说明。

第四节阐释了相邻关系的种类,相邻关系的种类为后续在哪些领域建立完善环境相邻权奠定理论基础。根据我国《民法典》的规定,常见相邻关系有七类。其中与环境权和环境污染有关的主要是相邻用水、流水、截水、排水关系,相邻管线安设关系,相邻防险、排污关系,相邻光照、通风、采光关系,相邻不可量物侵害关系等。

第五节分析了相邻权与地役权的区分。罗马法中的地役权可谓是现代民法中相邻关系的雏形。相邻权与地役权有相似之处。对相邻权必须予以明晰的界定。分析地役权与相邻权的五个区别,即二者权利范畴不同、是否以相邻为必要限定不同、权利属性不同、是否有偿不同、权利的行使范围不同。上述五点明确地把地役权与相邻权区分开来。

第六节分析了相邻关系在环境保护领域的局限性,即权利本身之局限、环境污染民法相邻关系适用之局限性、公法上相邻关系保护规定欠缺等不足之处,为建构完善环境相邻权提供理论存在空间。

本章为基础性章节,即分析环境相邻权之相邻关系中权利的寓存,通过相邻权研究得出相邻权在概念、性质、特征、分类上的正确观点,继而分析了相邻权在环境保护上的不足,为环境相邻权研究奠定了理论基础,提供了环境相邻权权利存在的理论空间。

第二章　环境法之环境权分析

第一节　环境权的含义

研究环境相邻权必须先研究环境权。随着近年来环境污染的日益严重，人们的环境保护意识逐渐觉醒，关于环境权的理论和实践成为研究热点。关于环境权的研究论著较多，环境权研究也成了学界的热点。

一、环境权发端简述

从世界范围来看，环境权作为一种基本环境法律权利其发端并不是很早。1902 年，日本的学者宫崎民藏就在其撰写的《人类的大权》一文中提出“地球为人类所共有”的观点。他主张“土地公平享有”，认为地球为“天下生存的全人类所共有”①。20 世纪六七十年代，世界性环境危机频发，国际环境保护运动高涨，环境权理论也正是此时发端于美国、日本、欧洲等工业发达、环境污染严重的国家和地区。1969 年颁布的《美国国家环境政策法》和《日本东京都防止公害条例》分别规定了环境权的内容。1970 年 1 月 22 日，美国尼克松总统在国会发言中指出，美国“70 年代的大问题”是如何确保“每一

---

① 杜钢建：《日本的环境权理论和制度》，载《中国法学》1994 年第 6 期。

个美国人天生就具有的"拥有一个不受污染的环境的权利。1972 年 6 月,在瑞典的首都斯德哥尔摩召开了联合国人类环境会议。会上通过的《人类环境宣言》提出,"人类环境的两个方面,即天然和人为的两个方面,对于人类的幸福和对于享有基本人权,甚至生存权利本身,都是必不可缺少的","人类有权在一种能够过着尊严和幸福生活的环境中,享受自由、平等和适当生活条件的基本权利,并且负有保护和改善这一代和将来的世世代代的环境的庄严责任"①。"在斯德哥尔摩会议之后,若干国家在它们的宪法或法律中承认了人们对良好环境的权利,以及国家保护环境的义务。"②日本学者松本昌悦指出:"1972 年的《人类环境宣言》把环境权作为基本人权规定下来;环境权作为一项新的人权,是继《法国人权宣言》《苏联宪法》《世界人权宣言》之后人权历史发展的第四个里程碑。"③20 世纪 80 年代以后,环境权相继被越来越多的国家写入宪法和环境保护基本法。

在我国,自 1972 年以来,虽然有关环境权的立法已经获得了一定的发展,但是涉及环境权的法律规定也都还是地方性法规层面的。严格意义的法律层面没有明确规定环境权。法律层面,《环境保护法》第 1 条规定:"为保护和改善环境,防治污染和其他公害,保障公众健康,推进生态文明建设,促进经济社会可持续发展,制定本法。"该条款规定了我国环境保护法的立法目的,明确表示要保护环境和人类健康,暗含环境权思想,但是没有明确规定环境权。

地方性法规层面,《宁夏回族自治区环境保护条例》第 7 条规定:

---

① 蔡守秋:《环境权初探》,载《中国社会科学》1982 年第 3 期。

② 世界环境与发展委员会:《我们共同的未来》,王之佳等译,吉林人民出版社 1997 年版,第 431 页。

③ [日]奥平康弘、杉原泰雄:《宪法学——人权的基本问题》,有斐阁 1977 年版,第 60 页。

"任何组织和个人有享受良好环境的权利和履行保护环境的义务,有权检举、控告违反环境保护法律法规的行为,有权对环境保护工作提出意见和建议。县级以上人民政府对在环境保护中做出突出贡献的单位和个人,应当给予表彰和奖励。"《上海市环境保护条例》第 6 条规定:"公民依法享有获取环境信息、参与和监督环境保护的权利,有权举报和监督环境违法行为,通过环境侵权诉讼等方式维护自身环境权益。公民应当增强环境保护意识,践行绿色生活方式,主动保护环境。"《福建省环境保护条例》(已失效)第 8 条规定:"任何单位和个人都不得转嫁污染。公民有享受良好环境的权利和保护环境的义务。任何单位和个人有权对污染和破坏环境的单位和个人进行检举和控告;有权在受到环境污染损害时要求赔偿。对在保护环境、防治污染和环境建设等方面作出显著成绩的单位和个人,由县级以上地方人民政府给予表彰、奖励。"修订前的《山东省环境保护条例》第 6 条规定:"公民有享受良好环境的权利。一切单位和个人都有保护环境的义务,有权对污染、破坏环境的行为进行检举和控告,并有权对环境污染造成的损害要求赔偿。"只有这些地方性法规有规定公民享有良好环境的权利。

二、环境权概念争鸣

学界对环境权的概念有不同的认识,其中比较有代表性的有:

蔡守秋认为,环境权是环境法律关系主体既享有适宜的环境的权利,也有环境保护的义务。环境权中的基本权利与基本义务具有不可分割性。① 这一概念包括五层含义:第一,环境权是一种环境法律权利和法律理念;第二,环境权是基本环境法律权利和基本环境法

① 参见蔡守秋主编:《环境资源法教程》,武汉大学出版社 2000 年版,第 273 ~ 281 页。

律义务的统一；第三，环境权是对人与自然关系的高度概括；第四，环境权的内容广泛，包括环境享受权、环境使用权、环境收益权、环境处理权等内容或权能；第五，环境权反映人与环境的关系。无论是个人、单位、国家的环境权还是人类环境权，无论是基本环境权利还是基本环境义务，无论是人对环境的权利还是人对环境的义务，都毫无例外地表明了人与环境的关系。[①]“蔡守秋教授提出环境权有狭义和广义两种。狭义环境权一般指公民的环境权，即公民有享受良好适宜的自然环境的权利。广义环境权泛指一切法律关系的主体（包括自然人、法人、特殊法人——国家）在其生存的自然环境方面所享有的权利及承担的义务，即国家、机关、团体和厂矿等企事业单位及公民，都有使用、享受其生存的自然环境条件的权利，也都有保护自然环境、防止环境污染的义务。”[②]

陈泉生认为，“环境权的概念应为：环境法律关系的主体享有适宜健康和良好生活环境，以及合理利用环境资源的基本权利。其中健康和良好生活环境的标准可以通过环境质量标准或污染物排放标准来衡量，而合理利用环境资源的尺度则可以通过对申报许可证和环境影响评价来把握，并由此界定环境权的法律保护范围为：所有环境法律关系的主体均享有在不受一定程度污染和破坏的环境里生存和在一定程度上利用环境资源的权利”[③]。环境权是一项权利与义务结合紧密的权利，并举例说明“至于各国宪法对公民环境权的规定更是普遍以权利和义务同时提出的形式来规定的”[④]。陈泉生还认

---

① 参见蔡守秋主编：《环境资源法教程》，高等教育出版社 2004 年版，第 146 ~ 148 页。

② 蔡守秋：《环境权初探》，载《中国社会科学》1982 年第 3 期。

③ 陈泉生等：《环境法学基本理论》，中国环境科学出版社 2004 年版，第 323 页。

④ 陈泉生、张梓太：《宪法与行政法的生态化》，法律出版社 2001 年版，第 116 ~ 117 页。

为,环境权包括公民环境权、法人及其他组织环境权、国家环境权和人类环境权。

吕忠梅认为,“公民环境权与环境权系同一概念,即环境权仅指公民环境权,不包括所谓的‘法人环境权’与‘国家环境权’”[①]。她将环境权定义为:“公民享有的在不被污染和破坏的环境中生存及利用环境资源的权利。这种权利,包括四个方面的含义:权利主体包括当代人和后代人;权利对象包括人类环境整体,既包括天然环境要素和人为环境,又包括各类环境要素所构成的环境系统的功能和效应;环境权是一项概括性权利,可以通过列举而具体化;其权利与义务是相对应的。”[②]环境权是权利与义务的统一,保护环境是每个公民的权利,同时也是每个公民的义务。[③] “根据环境权理论及有关国家的环境立法实践,公民在环境法上的权利义务是公民环境权的主要内容,这些内容既是环境权的各项子权利或派生权利,又是环境权得以实施的保障。实际上,环境权与其他人权一样,是一个由多项子权利组成的内容丰富的权利系统。”[④]

周训芳认为,环境权应该表述为良好环境权。“所谓良好环境权,是指当代和未来世代的人类个体和整体有在一个适合于人类健康和福利的环境中过有尊严的生活的权利,具体可包括清洁空气权、清洁水权、清洁产品权、环境审美权、环境教育权、环境文化权、户外休闲权等。”[⑤]

汪劲认为,“环境权概念的出现源于政府不当开发决策和企业不

---

① 吕忠梅:《论公民环境权》,载《法学研究》1995 年第 6 期。

② 吕忠梅:《论公民环境权》,载《法学研究》1995 年第 6 期。

③ 参见吕忠梅:《环境法新视野》,中国政法大学出版社 2000 年版,第 123 页。

④ 王小钢:《近 25 年来的中国公民环境权理论述评》,载《中国地质大学学报(社会科学版)》2007 年第 4 期。

⑤ 周训芳:《环境权论》,法律出版社 2003 年版,第 184 页。

当开发利用环境的行为，其造成的环境污染和自然破坏的结果，可能妨害或侵害公民（自然人）个人和其他全体公众自由、本能地利用环境及其利益。然而，因公民个人不具有独占环境的权利，除环境污染和自然破坏致公民个人权益侵害的场合外，公民个人并不能主动独立地要求和主张公众的环境利益。与之相反，公众是一个群体概念，而环境利益又属于群体公益，如果不通过法律赋予公众作为环境利益的主体，那么当环境公益受到侵害时便没有利益主体表达社会群体的主张"[①]。因此，汪劲认为称为公众环境权益比较合理。

吴卫星认为："所谓环境权，是指公民在良好的环境中享受一定环境品质的基本权利。这个定义包含了以下含义：第一，环境权的主体是公民，不包括不具有自然生命的法人、组织或国家，也不包括动植物或其他自然体。第二，环境权的客体是能够对人类生产或生活产生直接或间接影响的环境及其构成要素，不包括国家的行为。第三，环境权的内容是具有生态性的、审美性的、精神的、文化的权益，是对于良好品质的享受，这种良好品质可以通过环境质量标准等予以具体化和量化。第四，环境权在性质上是一种宪法基本权利，具有宪法位阶。第五，环境权所指向的义务人是国家，环境权对国家的立法权、行政权和司法权具有拘束力。这种拘束力既体现了环境权的防御权功能，即免于国家的侵犯，当国家自身侵犯公民环境权时，公民可以请求排除侵害。同时，这种拘束力还体现在环境权的给付请求权功能方面，这体现了环境权的社会权性质。"[②]

此外，还有一些学者也都从不同角度提出了自己的环境权定义：

"从法律文化角度来解释环境权，其基本含义应是人类在健康和

---

① 汪劲：《环境法学》（第4版）北京大学出版社2018年版，第75页。

② 吴卫星：《环境权研究：公法学的视角》，法律出版社2007年版，第109页。

平衡的自然界中过有尊严的和福利的生活，其文化多样性得到尊重，以及能够可持续发展的权利。环境权的精神是和谐，它包括人与自然的和谐以及人类在不同生态环境中形成的文化多样性的和谐。其操作功能是：以法的同一性原理对习惯环境权、伦理环境权、法律环境权、现实环境权加以整合，形成这四种权利类型的均衡状态，发挥多元环境法律文化的规范作用。"①

"所谓环境权，是指自然人享有适宜自身生存和发展的良好环境的法律权利。它在国内法上即表现为公民环境权；在国际法上即表现为人类环境权。这里，不论是公民还是人类，均包括当代人和后代人。从权利主体的角度划分，除自然人环境权外，不存在所谓法人环境权、国家环境权、非人自然体环境权等其他形态的环境权。目前，其权能包括日照权、宁静权、清洁水权、清洁空气权、景观权、环境参与权，其中环境参与权是核心权能。"②

"所谓环境权，是指自然人享有的宜居环境的法律权利。其主体仅仅限于自然人；其客体是环境宜居功能；其内容是以环境参与权为核心的包括一系列对环境宜居功能享用的权能的总和。"③

三、环境权概念观点评述

上述学者定义环境权的角度颇有不同，得出的结论亦不相同。

蔡守秋是我国第一位对环境权概念进行阐释的学者。他认为环境权是环境法律关系主体享有适宜的环境权利，也有环境保护的义务。环境权中的基本权利与基本义务具有不可分割性。环境权又有广义和狭义之分，因此环境权的规定就应该是全部法律的规定，环境权应该就环境权益的内容无所不包。陈泉生认为的环境权理论源于

---

① 余俊：《环境权的文化之维》，法律出版社2010年版，第43页。

② 邹雄：《环境权新论》，载《东南学术》2005年第3期。

③ 蔡维力：《环境诉权初探》，中国政法大学出版社2010年版，第193页。

环境伦理,源于可持续发展的环境伦理观念。所有环境法律关系的主体均享有在不受一定程度污染和破坏的环境中生存和在一定程度上利用环境资源的权利。这一论断全面概括了环境权的内涵和外延,即不仅包括对良好环境的享受权利,还包括对资源的利用权利,并提出环境权的主体包括公民、法人及其他组织、国家乃至全人类,还包括尚未出生的后代人。吕忠梅是把环境权定义为人权的类型,并提出环境权仅指公民环境权的观点。环境权作为一种人权,其主体应该是人。只有主体落实到人,环境权才会有可操作性,也才会有法律意义上的环境权。吕忠梅还认为应该对权利作狭义定义,将其与公权力、义务等基本范畴分开,国家环境管理属于权力而不是权利。周训芳则认为环境权应该具体为良好环境权,具有丰富的权利内容:清洁空气权、清洁水权、清洁产品权、环境审美权、环境教育权、环境文化权、户外休闲权。汪劲则认为公众的环境权益表述更为合理。这种权益因其保护利益所需既可与公权力结合为公法上的环境权,如知情权,又可以与私权利结合为私法上的环境权,如环境侵权案件中所侵犯的公民环境权益。吴卫星则界定环境权为公民在良好的环境中享受一定环境品质的基本权利,还进一步分析了环境权的主体、客体、内容和权利性质。白平则更提出公民环境权的概念,"公民环境权是指公民有权在适宜于生命健康和身心舒适的优美的自然环境中生活的权利及公民对于开发利用自然资源中产生的环境风险和负担公平承受的权利(公民有权对其承受的超过其受益比例环境风险和负担的制造者、管理者赔偿或补偿);或者公民有权保护、实现自己的环境利益,有权监督政府履行环境国家职责,有权知道与自己的环境利益相关的信息,有权参与和自己或公众环境利益相关的决策活动,有权请求环境行政机关履行相应职责并就其不履行相应职责的行为向法院提起诉讼,有权提起环境公益或私益诉讼,有权制止企业或其他环境义务主体侵犯其环境权的行为;或指政府通过国家承诺的责任,为公民提供有效的环境公共福利保护手段"①。还有学者从不同角度定义环境权。"所谓环境权,是指自然人享有适宜自身生存和发展的良好环境的法律权利。它在国内法上即表现为公民环境权;在国际法上即表现为人类环境权。这里,不论是公民还是人类,均包括当代人和后代人。从权利主体的角度划分,除自然人环境权外,不存在所谓法人环境权、国家环境权、非人自然体环境权等其他形态的环境权。"②

综合来看,上述学者的环境权定义似乎都不尽善尽美。权利与义务构成了具体的法律关系内容。在统一法律关系中,权利与义务对称存在。环境权的建构目的是保障公民的合法环境权益免受侵犯以及良好环境享受的生活状态。所以环境权不应该既是权利又是义务。环境权利与义务应该加以明确具体。广义与狭义的环境权概念使得环境权无所不包,应该对环境利益和环境权加以区分,使之环境权特定化、具体化。从世界范围环境权的产生背景来看,环境权是因环境污染和公害频发,人们为了保护自身的生存环境合法权益而提出的概念,因此,环境权不应该包含对资源享有的权利,对资源享有的权利是资源的利用权而不是环境权,应当从环境权中剔除。此外,环境权在定义阐释的过程中不宜把权利内容阐释得过于具体化。法律概念作为法律体系结构中的关键支撑,应该具有相对稳定性和固定性。环境权益随着社会的发展会有越来越多的权利内容加入进来,因此应该使其最为准确、简洁地确定概念的内涵,使之外延较大。所以笔者认为环境权的定义应该剔除具体的权利内容,简单定义环

① 白平则:《人与自然和谐关系的构建:环境法基本问题研究》,中国法制出版社2006年版,第113页。

② 邹雄:《环境权新论》,载《东南学术》2005年第3期。

境权。笔者认为,环境权是人们在社会生活中享有良好的环境的基本权利。

第二节　环境权的性质

一、关于环境权性质的学说

关于环境权的性质,学界也是众说纷纭,学者们从不同角度对环境权的性质提出了自己的看法,其中有代表性的理论有:

陈泉生将环境权的性质概括为六个方面:第一,环境权是一项新型的人权,是每个人与生俱来的基本权利。它既是一项法律权利,也是一项自然权利,是不能剥夺的。第二,环境权是一项主体广泛的权利,它既是一项个人权利,也是一项集体权利,同时还是一项代际权利。既适用于对有生命的个人的环境权益的保护,也适用于对具有复合性质的人的某类的法人及其他组织、国家乃至全人类的集体的环境权益的保护,同时还适用于对尚未出生的后代人的环境权益的保护。第三,环境权是一项价值取向多重的权利。它既体现人的权利,也反映自然的权利。第四,环境权是一项与义务结合紧密的权利。权利和义务是有区别的,权利享有者有权决定行使或不行使自己的权利,而义务承担者不履行义务却要承担法律责任。但是,在环境社会关系中,由于环境为人类共享共有且是具有生态、地理的整体,所以,所有环境法律关系主体享有的环境权是平等的,每个环境法律关系主体在享受和利用环境的同时,也承担了不对其他主体所享受和利用造成损害的义务。由此可见,环境权是一项与义务结合十分紧密的权利。第五,环境权是一项内容丰富的权利,环境权的内容包括了生态性权利、经济性权利,还包括了保护环境义务方面的要求。它既可以通过国际法、国家宪法以宣言式的规范对其作出概括性规定,也可以通过行政法、民法、经济法、刑法等部门法具体化。第六,环境权是一项有限度的权利。环境侵害具有相当程度的价值正当性或社会有用性,它强调利益衡量。环境权的权利行使并非为完全和绝对的,而是有限和相对的。①

吕忠梅认为,“财产权说、人格权说和人类权说等各种学说均揭示了环境权的某个或某些性质特征,包含着对环境权的属性认识。但是人格权说与财产权说都只反映了环境权在某一方面的功能特征,人类权说则因难以具体化为公民权利而失之笼统,至于财产权兼具人格权或人格权兼具财产权说则本身并没有确定环境权的性质”②。因此,吕忠梅主张公民环境权是一项独立的、基本的人权。即吕忠梅主张,“环境权应该是公民的一项基本权利,是现代法治国家公民的人权。原因包括如下三个方面:首先,环境权作为一项人权已为一系列国际法文件所肯定;其次,环境权作为一项基本人权,其核心是生存权;最后,公民环境权具有作为人权的本质属性,即整体性与个体性的统一、长远利益和眼前利益的统一、权利与义务的对应性,以及权利实现方式的多元性”③。

徐祥民认为“环境权是一种自得权”,这是因为徐祥民认为环境权是第三代人权。其援引联合国教科文组织前法律顾问卡雷尔·瓦萨克(Karol vasak)将环境权认为是第三代人权的观点。瓦萨克认为:第一代人权形成于美国和法国大革命时期,主要是指公民权利和政治权利;第二代人权形成于俄国革命时期,主要是指经济、社会及文化权利;第三代人权是对全球相互依存现象的回应,主要包括和平

---

① 陈泉生:《环境时代与宪法环境权的创设》,载《福州大学学报(哲学社会科学版)》2001年第4期。

② 吕忠梅:《论公民环境权》,载《法学研究》1995年第6期。

③ 吕忠梅:《论公民环境权》,载《法学研究》1995年第6期。

权、环境权和发展权。瓦萨克根据公民与国家的不同关系样态将第一代人权定性为消极的人权,将第二代人权定性为积极的人权,而将第三代人权定性为连带的权利(the solidarity rights)[1]。所谓连带的权利,就是说环境权是一种社会性权利,人人有份,不可能分解为公民个人的环境权;环境权还具有权利与义务的相关性,权利义务不可分。《人类环境宣言》中所指的环境是"人类环境"(第1条),它要"保护和改善"的环境是"人类环境",而不是具体的个人房前屋后的环境。正因为是人类环境,所以它的"保护和改善"才"关系到全世界各国人民的幸福和经济发展"(第2条),而不是个体的人的愉快或财产。在讲人类不当使用其改造环境的能力的后果时,《人类环境宣言》所做的判断是"给人类和人类环境"造成"损害"(第3条),而不是对某个人群,无论它是多数人还是少数人的环境造成损害。总之,这里的主体是人类,而不是人类的分子,也不是人类群体中的一部分。[2] 徐祥民还进一步引用张文显的关于权利划分种类的论断。张文显对权利义务做分类时把环境权列入人类权。[3] 因此,徐祥民认为:"环境权是一种自得权,它产生于环境危机的时代,是以自负义务的履行为实现手段的保有和维护适宜人类生存繁衍的自然权利的人类权利。"[4]

周训芳认为,从哲学角度来看,国际法和国内法的关系是一般和特殊的关系、抽象和具体的关系。在国际法层面,环境权体现为人类

---

① See Karo vasak, *Pour une Triosieme Generation des Droits de L' homme*, in Studies and Essays on International Law and Red Cross Principles in Honour of Jean Pictet, 837, 839 (Christophe Swinarski ed. 1984).

② 参见余俊:《环境权的文化之维》,法律出版社2010年版,第27~28页。

③ 参见张文显:《法学基本范畴研究》,中国政法大学出版社1993年版,第103页。

④ 徐祥民:《环境权——论人权发展历史分期的视角》,载《中国社会科学》2004年第4期。

环境权,属于一种宣言性质的抽象的环境权;在国内法意义上,环境权主要体现为公民环境权,而具有宣言性质、宪法性质、人权性质的环境权,则仍然属于抽象的人类的环境权。[①] “换言之,环境权只能是作为个体意义上的人类的公民的环境权和作为整体意义上的人类的环境权的结合。这种结合在国内法上,一般体现为公民环境权;在国际法上,一般体现为人类环境权。因此,环境权只有两种形式,即国际法上的人类环境权和国内法上的公民环境权。”[②]

朱谦认为环境权的属性有三:一是环境权是一种公益性权利。在具体权利理论实践方面,公众的环境决策参与权作为环境权的极重要的内容,它的行使或者说权利设置并非只是为了某一具体公众的个人利益的维护,而是为了维护和实现社会或人类的公共利益或公众利益。同样地,在公民的诉权设置上,也依然显示出环境权的公益性。因此,公众的环境权与国家环境行政权都是为了维护公共环境利益。公益性是其显著的特征,这也是公众环境权与公民其他民事权利区别的标志。二是环境权是环境法确认和保护的社会权,而非由民法确认和保护的私权。这是因为环境法上环境权的主体与民法上民事权利的主体所享有权利属性是相异的。这种差异表现在:第一,权利行使的目的上,环境权的行使目的是维护公共环境利益;而民事权利的行使目的是自身的利益。第二,一般的民事权利,基于当事人意思自治原则,可以转让或放弃,权利人享有权利而不承担义务,如财产权、人身权等,其义务主体是其他的、不特定的任何人;环境权作为一种保护环境的公益性质的权利,环境权享有人能否基于意思自治怠于或放弃行使环境权呢?笔者认为,环境权享有人完全

① 参见周训芳:《环境权论》,法律出版社2003年版,第168~169页。

② 于忠春:《人权视角下的环境权研究》,吉林大学2006年博士学位论文,第67页。

可以怠于行使或放弃环境权。公众的环境权作为一种环境管理的参与权，在环境保护活动中，他可以介入，也可以不介入，即使不介入行使环境权也不构成违法，更不会承担法律责任。无论是环境权主体行使环境权还是放弃环境权，直接的结果并不会引起其自身利益的增减，受到影响的是公共的环境利益。第三，对权利的救济方式不同。民事权利遭受不法侵害后，通常可以通过侵权法来予以救济。环境权作为使现有环境受到保护、使之不被破坏，以及在某些情况下使环境得到改善的权利，它的实现往往需要创设有效地参与国家环境行政管理活动中去的程序。[①] 这种环境权行使的程序或公众参与环境保护的程序，通常与环境的行政程序合二为一，构成统一的有机体。三是环境权的从属性与独立性——从环境行政权角度考察。一方面，国家环境行政权的主导性与公众环境权的从属性。在环境法中公众环境权较国家环境行政权来说处于从属地位。具体表现在：第一，现代世界各国环境法几乎都无一例外地规定由国家环境行政权对全国的环境保护工作进行统一的监管；第二，在进行某一环境决策时，公众环境权和国家环境行政权地位不同。另一方面，公众环境权的独立性——对国家环境行政权的制约。具体表现为对污染者污染环境行为的制约和对环境行政权的制约。[②]

汪劲认为："环境权在公民要求国家保护环境或者据以参与环境监督和管理的意义上使用时，因其与公权力发生关系的权利是人权或宪法性权利，主要具有共益权的性质；当环境法权益用于私主体之间的法律关系时，因其具有自益权的性质而成为一种实质上的私权。需要说明的是，公众行使环境权利及其获取相关利益应当以国家法

① 参见[法]亚历山大·基斯：《国际环境法》，张若思编译，法律出版社 2000 年版，第 20 页。

② 参见朱谦：《论环境权的法律属性》，载《中国法学》2001 年第 3 期。

律法规为依据。”①

朱春玉认为:“环境权既应当成为一种宪法权利,也应当成为一种民法权利。讲环境权是宪法权利表明,环境权必须拥有民主政治的基础,环境权作为一种现代社会的产物,必须有与其性质相匹配的民主法治环境;讲环境权也是民法权利表明,环境权的享有者必须得到实际的利益补偿,否则权利赋予得再高也没有实际意义。但是必须明确的是,环境权必须同时具有一体两面的法律性质,也就是说必须同时在宪法和民法上有明确规定,因为环境法上的权利只有具备根本法和基本法的效力才能表明其可行性。”②

李挚萍认为:“公民环境权的实质是强调人们对生存环境享有特定环境条件的权利。尽管对特定环境条件的描述文字各有不同:如‘适宜的’‘良好的’‘清洁的’‘卫生的’‘健康的’‘文化的’‘无污染的’‘不损害健康的’‘有利于其生存和发展的’‘生态平衡的和健康’‘健康而舒适的’等。其表达的都是人们对环境拥有的非财产性或经济性权益,而且并未将开发、利用环境的财产和经济价值的权利包括其中。”③

二、环境权应具有的性质

关于环境权性质讨论的研究虽多,但没有形成较为一致的看法。对以上诸多观点加以总结,也就是学者们主要争议的论点是:环境权人权与法定权利之争,环境权属于公法、私法、社会法之争,环境权主体是否包括组织和国家之争。但是,学者们的论述比较含糊,导致因

---

① 汪劲:《环境法学》(第4版),北京大学出版社2018年版,第75页。

② 朱春玉:《环境权范畴研究述评》,载《山西师大学报(社会科学版)》2003年第3期。

③ 李挚萍:《公民环境权的实质及地位再思考》,载《中山大学学报(社会科学版)》2004年第1期。

环境权性质的不清楚而使环境权的权利内容难以界定,这就会使环境权回到其权利兴起时的原点——环境权无所不包、无所不含。导致环境权继续成为一切环境权益和环境利益的终极承载,环境权的权利功能属性难以发挥。环境权成了一种无所不包的“大杂烩”,即造成什么都是环境权,环境污染是侵犯环境权,自然资源破坏也是侵犯环境权。这实质上是混淆了环境权与环境利益的界限,导致在环境污染的法律实践中无所适从。因此,笔者认为,如果想真正发挥环境权的保护性权能属性就必须让环境权具体化,让权利凝结,清晰界定其权利性质的边界,使环境权成为一个具有严谨的内在逻辑和环境法特征的独立的权利结构或体系,即环境法上的权利。

笔者认为关于环境权的性质的界定应该理解为以下四方面。

(一)环境权是人权性权利

环境权的人权属性应从应然和实然两个角度论证。第一,环境权的人权属性根植于人之本性的深层需要。第二,从人性尊严角度来看环境权的人权属性。人性尊严是人权的核心或者基础,人权的产生和发展从根本上说就是为了捍卫和保障人性尊严。因此,不管理论上是否承认,环境权已经成为人权体系中的新兴一员,并在一些国家的司法实践中获得了认可和保障。① “环境权是一项新型的人权,是每个人与生俱来的基本权利,它既是一项法律权利,同时也是一项自然权利,是不能被剥夺的。因为该项权利的剥夺就意味着主体生存基础的丧失,所以每个人不可以因其年龄、性别、职业、地位以及犯罪状况等因素而剥夺其与生俱来所享受的环境权利。”②

---

① 参见吴卫星:《环境权研究——公法学的视角》,法律出版社 2007 年版,第 101 ~ 104 页。

② 陈泉生:《环境时代与宪法环境权的创设》,载《福州大学学报(哲学社会科学版)》2001 年第 4 期。

(二)环境权是具有社会法属性的宪法性权利

从实证法的角度而言,环境权已经为五十多个国家的宪法所明确承认,并为《非洲人权与民族权宪章》《美洲人权公约附加议定书》所确认。环境权是兼有自由权性质的社会权。从宪法学角度而言,环境权应当作为新兴的社会权来看待。环境权是社会国家理念在当代的新发展,环境权的实现更主要是有赖于国家的积极给付。国家应当主动地进行环境保护投资,建设环境保护基础设施,努力改善环境状况。当然,环境权主要体现为社会权的性质,但不能忽视环境权同时也具有自由权的性质。①

(三)环境权主体应只有自然人

有学者在论及权利的主体时指出:"根据方法论的个体主义,我们主张享有权利的主体最终是个体,而不是集体;所有的集体概念——国家、民族、社群或组织——最终都必须落实到个体头上。空泛地宣称'人民的权利'除了作为一种宣传的便利之外,不会带来任何好处,但他确实可能麻痹人的警惕心,使人轻便忽视权利和权利之间的冲突,并在'人民'的幌子下牺牲社会某些群体的利益。"②"公民是环境权的唯一主体,国家、单位只能成为环境义务的主体。所谓国家环境权、单位环境权的概念是不科学的,不符合环境权的本意,不符合环境权作为一种权利存在的价值和功能。"③

(四)环境权的内容仅是人们良好环境的享有权

环境权不应该包含对资源利用的权利诉求。"环境权应界定为

---

① 参见吴卫星:《环境权研究——公法学的视角》,法律出版社 2007 年版,第 101 ~ 108 页。

② 张千帆:《宪法学导论》,法律出版社 2004 年版,第 463 ~ 464 页。

③ 白平则:《人与自然和谐关系的构建:环境法基本问题研究》,中国法制出版社 2006 年版,第 105 页。

环境法律关系主体对其生存环境享有适宜的生态性环境的权利。需要说明的是,此处的环境权不应包含开发利用环境资源的权利,因为从性质上讲,开发利用环境资源的权利是一项传统的权利,已在民法中的财产权和物权中得到保护。而且,享有适宜于人类健康的环境权与开发、利用环境资源权是相互冲突和制约的。前者属于生态性权利,强调的是权利主体对环境的生态性权益;后者属于经济性权利,虽然已经受到了各种限制,但其价值取向仍是以经济效益为主导,强调的是权利主体对环境资源的经济性权益。"①"环境权不能包括'使用'或者'利用'环境资源的权能,而只能是'享用'或者'享受'适宜环境的权能;否则环境要素难免沦为一些人追逐商业利益的境地。所谓'排污权交易'就是一种可疑的发明,似乎环境权还包括向环境发泄、排放和糟践环境的功能,并且这种毒害环境的权能还可以用来交换金钱。"②因此,"环境法不但不应该将这类权利纳入'环境权'的范畴,相反,为了保护环境和实现人类可持续发展,应该对为着经济目的的经济和民事权利加以严格的限制"③。单纯的良好环境享有权属于环境权这一点是学界普遍承认的观点,但是其具体的权利内容却又有不同的认识(详见本章第四节)。

第三节　环境权的特征

一、学界关于环境权特征的争鸣

关于环境权的特征,理论界存在不同的说法,比较有代表性的有

---

① 刘建辉:《环境法价值论》,人民出版社2006年版,第134页。

② 蔡维力:《环境诉权初探》,中国政法大学出版社2010年版,第192页。

③ 季理华、张勇:《环境权的概念及其属性》,载《新疆财经学院学报》2004年第4期。

以下几种观点。

蔡守秋将环境权的特征概括为:第一,环境权是环境社会关系的反映和法定化,是自然权利和道德权利的法定化。更进一步说,环境权是人与人的关系和人与环境的关系的反映。作为环境社会关系集中反映的环境权,它具有自然性、不可缺乏性、不可取代性、不可转让性和稳定性。第二,环境权中的基本权利和基本义务具有不可分割性。环境权是基本环境法律权利和基本环境法律义务的统一,即环境权中基本权利和基本义务具有不可分割性,是环境权的又一重要特征。第三,环境权具有预防性、公益性、指导性和有限性等特征。所谓预防性,是指环境权重在预防,对人类环境重在防患于未然,这突出地表现在人类环境权以及代际环境平等和代际环境权方面。所谓公益性,是指环境权建立在人们共享环境条件这个基础上,强调公益,具有公权之性质。所谓指导性(又称母体性),一是指环境权仅从法律上确认和宣告基本环境法律权利和基本环境法律义务;二是指环境权对确立、推导其他具体环境权利和义务具有指导作用;三是指环境权具有繁衍其他环境权利、义务的功能和作用。所谓有限性,又称相对性,是指环境权中的基本权利和基本义务,都有一个法律规定的、合理的限度。第四,环境权是一种与多种基本人权或与社会经济性法律权利有关联的新兴法律权利。从环境权的内容和形式看,它具有某些不同于历史上已经定型的其他权利的特征,甚至不能完全纳入传统的基本人权和社会权利的范畴。环境权是具有鲜明个性和丰富内容、并与其他权利的某些性质和内容有关联的一种新的、综合性权利。环境法之所以具有这种特征,主要是因为环境权的主体广泛、客体多样、内容丰富、涉及人与自然两个领域。①

---

① 参见蔡守秋主编:《环境资源法教程》,高等教育出版社2004年版,第148~153页。

白平则认为公民的环境权特征可以归纳为十一点:第一,公民环境权是一项新型的社会性质的人权,这项权利以保护与公民的身心健康密切相关的环境为主。第二,公民环境权是一项集体权利,是一项共享权、共益权。这项权利主要是一种公益性权利而不是自益性权利,这项权利的设定主要是为了制约自然资源开发利用者行使财产权的行为,防止滥用财产权;也是为了彰显国家保护环境的责任和义务,为公民监督国家环境行政机关积极履行职责提供合法的理由。第三,公民环境权既可以单独行使,也可以集体行使,即公民环境权为共享权,每个人都享有该权利。每个人行使环境权并不会妨碍其他共有人行使这一权利,每一个人都有权制止侵犯公共环境权益的行为,都可以提起公益或私益诉讼。第四,公民环境权拓宽了法律保护范围,使间接侵害公民身心健康的行为依托于自然环境的精神性利益纳入了法律的保护。第五,公民环境权的主体是自然资源开发利用者,因此,负有保护环境的义务和责任,不得滥用自然资源开发利用权。第六,公民环境权的公益性决定了它主要是一种程序性权利,具体体现为环境保护请求权、环境决策参与权、环境危害或损害救济权。第七,公民环境权是一项成长中的权利。一些发达国家如美国公民环境权已经成为一项法律权利,而中国环境权还处于发育阶段,既没有成为道德权利,也没有成为法律上的权利。第八,公民环境权具有预防性、公益性,具有公权性质。公民环境权重在预防,对人类环境重视防患于未然。第九,公民环境权强调环境利益共享,环境风险共担,主张对社会弱势群体遭受不成比例的环境风险的负担予以补偿,以求实现环境公平。公民环境权所指向的环境是公共环境,而不是私人环境,是作为公共环境的公共物品,而不是私人物品。公民环境权直接保护的是依托于自然环境的公共利益,间接保护的才是公民的个人利益。第十,公民环境权主要是健康环境权或适宜环境权,优美环境权只有在健康环境权这一最低限度的权利实现后才会成为主导性权利。第十一,作为公民环境权客体的环境,带有明显的价值判断。环境所谓的“好”与“坏”、“健康”与“不健康”、“清洁”与“不清洁”等,都是人类根据自身需要对其加以价值判断的结果,与公民人身权、财产权密切相关,公民享有环境权有利于保护自己的人身健康利益、生活舒适利益,有助于减少医疗费用,减少财产损失,间接地实现财产利益。①

陈泉生认为环境权具有五个特征:第一,环境权具有时代特征。“权利永远不能超出社会的经济结构以及由经济结构所制约的社会的文化发展。”②环境权就是由于环境时代的社会经济结构及其制约的社会经济发展所决定的。第二,环境权具有自然特征。环境权是以人的自然属性为基础的权利。它是人的一项自然权利,是不能随意剥夺的。第三,环境权具有应然特征。环境权不仅是实际意义上的权利,更是应然意义上的权利。它是现实社会生活条件包括物质生活条件和精神生活条件基础上的应然权利。应然的依据并不是人们的异想天开或随意的假设,而是人们的社会生活条件。③ 第四,环境权具有社会特征。无论是公民、法人及其他组织,还是国家乃至全人类均拥有享受和利用环境的权利。这就使得环境权调整的范围相当广泛,既要调整人与自然环境的关系,还要调整人与人在开发、利用、保护、改善自然环境的活动中所产生的各种社会关系,从而具有很强的社会特征。第五,环境权的公平特征。地球上的每一个人都

---

① 参见白平则:《人与自然和谐关系的构建:环境法基本问题研究》,中国法制出版社 2006 年版,第 120～121 页。

② [苏]马克思、恩格斯:《马克思恩格斯选集》(第 3 卷),中共中央马克思恩格斯列宁斯大林著作编译局编译,人民出版社 1995 年版,第 12 页。

③ 参见卓泽渊:《法的价值论》,法律出版社 1999 年版,第 443 页。

有享受良好环境和合理利用自然资源的权利。在环境资源面前人人平等。地球上的环境资源既属于当代人,也属于后代人。所以在环境资源面前,不仅当代人人人平等,而且当代人与后代人也是平等的。①

二、狭义语境下环境权特征的探讨

仔细分析上述观点会发现,学者们对环境权的特征认识并不是处于同一理论范畴之内:蔡守秋和白平则的特征结论大多是从环境权权利本身出发;而陈泉生的环境权特征是从法哲学的角度对环境权的特征进行的评析。

笔者认为,环境权的特征应该表明环境权与其他环境法中权利的区别,前述权利特征的论述虽比较丰富,但笔者并不都赞同其为环境权的特征。因笔者认为在环境权概念和性质上环境权应作狭义理解,所以环境权权利主体只有自然人,环境权的复杂主体表现的综合性特征就不能被承认。与之相类似的还有环境权权利义务不可分割的特征也值得商榷,因为环境权作狭义理解后其单纯地表现为权利,不具有义务属性,所以这一特征笔者认为也不能成立。还有,不得滥用自然资源开发利用权也不能是环境权的特征表现,因狭义环境权中仅表现为对良好环境的享有权,不包括对资源的利用权利,对资源的利用应属于民法中的财产权利,不属于环境法的环境权利。

环境权特征应该是能把环境权与其他环境法上的权利区分开的特征,但同时也应包括一些使权利称为权利的基本权利特征。笔者认为,环境权应该具有五方面特征:第一,环境权应该是法定性的权利;第二,环境权是一项新兴的宪法性的社会性人权,其特征具有社

① 参见陈泉生:《环境时代与宪法环境权的创设》,载《福州大学学报(哲学社会科学版)》2001 年第 4 期。

会性；第三，环境权为集体权利共享权利，具有共益性；第四，环境权的行使是人们更好地保护、关注自己周边的环境，防止环境破坏、环境污染的发生，环境权具有预防性、指导性特征；第五，公民环境权主要是健康环境权或适宜环境权，优美环境权只有在健康环境权这一最低限度的权利实现后才会成为其进一步延展的权利。

第四节 环境权的具体内容

一、关于环境权内容的不同观点

关于环境权的内容学界观点也不一致，其中影响力较大的说法有以下几种。

吕忠梅的环境权概念将环境权的内容扩展为环境资源利用权、环境状况知情权、环境事务参与权及环境侵害请求权。环境资源利用权区别于民法上的“使用权”概念[①]，旨在保障人类现在和将来世世代代对环境的利用，以获得满足人类生存需要和经济社会发展的必要条件。在美国、日本、印度、菲律宾、哥斯达黎加等国也都有保护环境资源利用权的司法实践。[②]

汪劲认为公众环境权益的内容应该包括五类：一是优美、舒适环境的享受权。享受优美舒适环境质量的权利是每个公民（自然人）的生存本能，既包括对清洁环境要素的生理享受，也包括对优美景观、原生自然状况的精神和心理享受。二是开发利用环境决策与行为知悉权。公众对可能造成不良环境影响的政府开发与环境决策行为、

---

① 参见吕忠梅：《再论公民环境权》，载《法学研究》2000 年第 6 期。以及吕忠梅主持：《超越与保守——可持续发展视野下的环境法创新》，法律出版社 2003 年版，第 253 页。

② 参见吕忠梅主持：《超越与保守——可持续发展视野下的环境法创新》，法律出版社 2003 年版，第 253 ~ 254 页。

企事业单位开发利用环境行为等,有了解和知悉的权利。三是开发利用环境决策建言权。公众对可能造成不良环境影响的政府开发与环境决策行为、企事业单位开发利用环境行为等,有提出主张或意见、建议的权利。开发利用环境决策建言权应当受到政府或主管部门以及建设单位等的尊重。四是监督开发利用环境行为及其检举和控告权。在监督方面,公众有权对开发利用环境与资源的企业实行监督。检举和控告一般指公众以举报、揭发等方式向有环境与资源监督管理权的部门报告环境与资源违法案情的行为。五是环境权益侵害救济请求权。当公民认为自身环境权益受到或可能受到不当或不法的政府决策或企事业单位开发利用环境行为影响或侵害的,有权依法申请行政复议、提起行政诉讼或者民事诉讼请求法律救济。[①]

李艳芳认为环境权的内容应该包括三方面:一是公民在良好、适宜、卫生、宁静的环境中生活的权利。这是保障公民生命健康的首要条件,也是公民环境权内容的基本组成部分。二是参与国家环境管理的权利。参与环境管理实际上是公民民主权利在环境保护领域中的具体运用。三是环境自救权。公民在长期遭受环境污染危害而又无法依据法律(特别是环境立法不完善或不成熟的条件下)进行公力救济时,往往采用自力救济的手段,如捣毁污染源等迫使污染者停止污染,以减轻受害的范围和程度。[②]

周训芳认为:"公民良好环境权(英文可表述为 Citizens' rights to a good environment,或者 Citizens' right to a good environment)是全体公民对良好环境的共享权。"[③]"一组具体的环境共享权权利清单应

① 参见汪劲:《环境法学》(第4版),北京大学出版社2018年版,第76~77页。

② 参见李艳芳:《环境权若干问题探究》,载《法律科学(西北政法大学学报)》1994年第6期。

③ 周训芳:《环境权论》,法律出版社2003年版,第197页。

当包括:清洁空气权、清洁水权、清洁产品权、环境审美权、环境教育权、环境文化权、户外休闲权等等。"①

此外,蔡守秋将环境权的种类分为个人环境权、单位环境权、国家环境权和环境的权利等内容。因前述环境权性质的论断,其权利主体应该是自然人,所以蔡守秋的观点不展开论述。陈泉生亦有类似观点。②

二、观点评述与界定

概言之,学界观点大体分为三类:第一类观点认为,环境权是法律关系主体就其赖以生存、发展的环境所享用的基本权利和承担的基本义务。所谓基本权利是指环境法律关系主体享有适宜环境的权利。"享用"包括享受和开发、利用环境的某种功能,因而,享用适宜环境的权利包括主体有权依法合理开发、利用环境资源,有权依法享受适宜的环境条件。该观点认为主体包括个人、单位、国家、人类甚至非人自然体。第二类观点认为,环境权是环境法律关系主体享有适宜健康和良好生活环境,以及合理利用环境资源的基本权利,其内容包括生态性权利和经济性权利。第三类观点认为,环境权是法律主体在环境法上的权利义务,是一个由多项子权利组成的内容丰富的权利系统。从理论上讲,环境权至少应包括如下内容:(1)环境使用权;(2)知情权;(3)参与权;(4)请求权。③

但笔者认为,环境权是一项发展中的权利,其权利内容并不稳定,会随着对环境权权利本身的进一步深入研究而发生变化。与此

---

① 周训芳:《环境权论》,法律出版社2003年版,第197页。

② 参见陈泉生:《环境时代与宪法环境权的创设》,载《福州大学学报(哲学社会科学版)》2001年第4期。

③ 参见李挚萍:《环境法的新发展——管制与民主制互动》,人民法院出版社2006年版,第250~252页。

同时笔者非常同意李挚萍的观点："环境权应界定为环境法律关系主体对其生存环境享有适宜的生态性环境条件的权利。公民环境权则是公民对其生存环境享有适宜的生态性环境条件的权利。强调权利主体对环境的生态功能和生态价值的享受。这项权利包括一系列子权利：清洁空气权、清洁水权、合适的日照权、环境审美权、安宁权、通风权、户外休闲权等。"①

此外因环境权是发展中的权利，其权利内容会发生变化，所以应从权利内容排除方面确立以下规则：第一，环境权内容不应该包括开发、利用环境资源的权利。前面已经论述，不再赘述。第二，环境权的实质性组成不包括其派生权利。知情权、参与权、请求权、求偿权等，属于环境权的派生权。这些权利不是环境权特有的、本质的权利，它们不是环境权的实质性内容。第三，环境权不宜定为环境法律关系主体在环境法上的权利义务的总和。这是因为环境法上的权利有多种，有的属于行政监督管理权，有的属于司法权，有的属于诉讼权，这些权利不能纳入环境权的体系中来。而且环境权不宜大而全，将过多与环境有关的传统权利包括在环境权中，对环境权发展很不利，会导致环境权失去其独特属性，使环境权变得空泛而没有可操作性，淡化了环境权存在的必要性。人们会通过对传统权利进行扩充而认为环境权无独立存在之必要。②

---

① 李挚萍：《环境法的新发展——管制与民主制互动》，人民法院出版社 2006 年版，第 253 页。

② 参见李挚萍：《环境法的新发展——管制与民主制互动》，人民法院出版社 2006 年版，第 253 ~ 254 页。

第五节　环境权在环境保护实践中的局限性

一、环境权理论研究不足

“在环境法领域,权利这一基石范畴具体表现为环境权,环境权是贯穿于环境法律现象逻辑联系的各个环节的基石范畴。”[①]这是因为:首先,环境权构成环境法历史起点的逻辑统一,环境权构成环境法秉承时代精神应运而生的历史起点。其次,环境权揭示着环境法的深层特性。利益是权利的本质表现或物化形式,环境权既体现着环境私益又体现着环境公益,而且环境私益与环境公益两者是统一的。再次,环境权是环境法制度安排围绕的核心。法律制度安排是法本质及法精神的外在化或实体化。它通过一套权利义务运作机制实现利益分配的职能。最后,环境权规范着环境法体系的设定。基石范畴是对环境法现象理性认识的逻辑贯穿,最终直观地表现为一套法体系的设定与构建。[②] 可见,环境权在环境法学体系中的重要性。

但是我国环境权理论研究还不十分成熟,在环境权权利主体、环境权权利性质、环境权权利内容等基本问题上还存在差异性,如环境权权利主体是否包括单位和国家;环境权的性质是公法权利还是私法权利抑或社会法权利,环境权的内容是否应该包括自然资源的开发利用行为、环境容量的利用行为、环境排污权等问题,使得环境权难以具体化,权利界限的不明晰导致环境权在法律文件上的具体落实成为难题。大家在具体司法实践中也无法援引环境权理论进行价

---

① 王彬辉:《论环境法的逻辑嬗变——从“义务本位”到“权利本位”》,科学出版社2006年版,第232页。

② 参见王彬辉:《论环境法的逻辑嬗变——从“义务本位”到“权利本位”》,科学出版社2006年版,第232~233页。

值判断的推理和演绎，造成环境权理论在具体环境污染法律实践中存在严重不适应性。

二、环境权法律规定的不足

《环境保护法》第 1 条规定："为保护和改善环境，防治污染和其他公害，保障公众健康，推进生态文明建设，促进经济社会可持续发展，制定本法。"该条规定了我国环境保护法的立法目的，明确表示要保护环境和人类健康，暗含环境权思想，但是没有明确规定环境权。在整个法律体系中，规定公民享有良好环境的权利的表述也仅限于几个省份的地方性法规，如《宁夏回族自治区环境保护条例》《上海市环境保护条例》《福建省环境保护条例》《山东省环境保护条例》等。这些规定与我国庞大的环境保护法律体系的法律文件相比显然太少，甚至在严格的法律层面可以说我国没有规定环境权。

因为法律条文中没有环境权的规定，公民在环境污染诉讼中就无法援引环境权的相关法律条文，造成环境权的享有者主张权利时存在严重的法律不足。

三、环境权与相邻关系衔接不恰切

相邻关系或称相邻权是典型的私法上关于物权所有权的研究，是不动产相邻关系各方本着物尽其用、公平合理、利益最大化等基本法律理念而对所有权进行一定的限制。环境污染民事纠纷大多是因相邻而发生的，因此，把环境权和相邻权结合起来，即创建私法上的环境相邻权意义重大，有利于环境权权利人充分享有良好环境权，保障自己合法权益。但是，目前我国司法实践领域环境权与相邻权的衔接并不令人满意，基于相邻权理论和环境权理论本身的争议还在继续，环境相邻权理论鲜有人提及和论证。法学理论的研究是"应然研究"，对法律实践领域的"实然状态"具有指导意义，因此，理论研究的不足也使其在具体司法实践中困难重重，不利于环境保护目的的实现。

四、环境权在环境保护中处于消极地位

在我国目前环境权侵权没有得到法律确认的情况下，对于侵犯环境权的救济实际上是通过传统的民法、行政法以及刑法来实现的。对于违反环境保护法律法规定的集体和个人进行法律追究，其责任有三种：民事责任、行政责任和刑事责任。我国《民法典》第 1229 条规定："因污染环境、破坏生态造成他人损害的，侵权人应当承担侵权责任。"这是对于侵犯环境权的行为承担民事责任的法律依据。涉及环境权的行政责任主要有两种形式：一类是行政机关对于行政相对人不履行环境保护法律法规的行为依职权进行行政处罚、行政强制和行政处分；另一类是针对涉及环境权的行政行为提起行政诉讼而应当承担的法律责任。刑事责任是对于严重侵犯环境权的行为（环境犯罪）处以的最严厉惩罚，我国《环境保护法》第 69 条规定："违反本法规定，构成犯罪的，依法追究刑事责任。"我国《刑法》中的相关规定是第六章"妨害社会管理秩序罪"第六节"破坏环境资源保护罪"等一类刑事犯罪。

但是，在实际的司法实践中却存在严重的环境权救济的不足。《民法典》第 1235 条解决了生态环境损害赔偿制度于法无据的问题。但该条规定的广义生态环境损害赔偿制度包括社会组织提起的环境民事公益诉讼，与狭义的生态环境损害赔偿制度存在一定冲突，致使二者在磋商中暗相竞夺、在诉讼中遭遇顺位困境、在规则适用中面临困惑。[①] 上述我国法律实践领域的具体法律规定也体现了公民环境权在环境保护中处于消极的地位。

---

① 参见徐忠麟、宋金华：《民法典视域下生态环境损害赔偿制度的内在冲突与完善》，载《法律适用》2020 年第 23 期。

本章小结

本章对环境权进行了分析,与第一章相邻权研究一样也属于基础理论研究,目的是进行理论基础的研究,为后一章研究环境相邻权奠定基础。要想清晰地界定环境权就必须首先从环境权的概念、性质和特征入手,其次分析其权利内容,最后回扣本文主题,环境权在我国环境司法实践中存在不足,为我国确立和完善环境相邻权权利制度留下理论空间奠定基础。

第一节分析了环境权的含义,研究环境相邻权必须先研究环境权。从环境权发端入手开始分析,继而阐释了国内学者对环境权的不同定义,分析了蔡守秋、陈泉生、吕忠梅等国内环境法学家对环境权概念的界定,使用比较研究的方法对环境权概念进行分析,并进行了观点评述,最终得出环境权的概念的结论:环境权是人们在社会生活中享有良好的环境的基本权利。

第二节分析了环境权的性质。从理论研究入手分析环境权到底是一种什么性质的权利,为后续阐述环境权的特征和内容进行框定。首先分析了国内有影响的学者关于环境权性质的学说,并在此基础上进行了分析和研究,得出环境权应具有的性质,即笔者认为关于环境权的性质的界定应该理解为四方面:环境权是人权性权利;环境权是具有社会法属性的宪法性权利;环境权主体只有自然人;环境权的内容仅是人们良好环境的享有权。

第三节分析了环境权的特征。首先分析了国内比较有代表性的学者关于环境权特征的理论。根据上一节环境权性质的研究成果对环境权特征进行框定和分析,得出自己的观点。环境权应该具有五方面特征:第一,环境权应该是法定性的权利;第二,环境权是一项新兴的宪法性的社会性人权，其特征具有社会性；第三，环境权为集体权利共享权利，具有共益性；第四，环境权的行使是人们更好地保护、关注自己周边的环境，防止环境破坏、环境污染的发生，环境权具有预防性、指导性特征；第五，公民环境权主要是健康环境权或适宜环境权，优美环境权只有在健康环境权这一最低限度的权利实现后才会成为其进一步延展的权利。

第四节进一步根据环境权的性质和特征分析环境权的具体内容。按照上述概念、性质、特征的研究路径对国内比较有代表性的学者观点进行比较研究。在观点评述的基础上对环境权的内容进行了界定。得出的结论是，因环境权是发展中的权利，其权利内容会发生变化，所以从权利内容排除方面应该确立以下具体规则：第一，环境权内容不应该包括开发、利用环境资源的权利；第二，环境权的实质性组成不应包括其派生权利；第三，环境权不宜定为环境法律关系主体在环境法上的权利义务的总和。通过这些规则对环境权内容进行了一个大体的判定。

第五节分析了环境权在环境保护实践中的局限性，为后面环境相邻权的研究进行了理论铺垫。分析其不足之处有：环境权理论研究不足、环境权法律规定的不足、环境权与相邻关系衔接不畅和环境权在环境保护中处于消极地位。这些不足都表现出环境权在私法保护领域对环境权益保护的无力与空白，为环境相邻权的建立提供了理论和具体法律实践空间。

本章继上一章相邻权研究之后作为基础性研究之二对环境权进行了研究，在本书中处于基础研究地位，为第三章环境相邻权研究奠定基础，提供理论支撑。

第三章　环境相邻权及其在现行法律中的寓存

第一节　环境相邻权界定

一、环境权与相邻权之交集

环境权与相邻权相比，相邻权产生较早，甚至可以追溯到古罗马。相邻权是因相邻不动产利用而产生，环境权是因为20世纪中后期频繁发生的环境污染和公害事件而被世界各国纷纷确立。两种权利属于不同的法律体系：环境权属于宪法和环境法领域，相邻权属于民法私法法域。环境权与相邻权的相交是近年来环境污染事件频发之后的事情。

“相邻关系是现代社会生产、生活的一个关键因素，想做到‘择邻而居’是很困难的，最好的办法是‘既邻之，则善之’，与人方便，自己方便。物权法的相邻关系更反映出物权法的生活性，与百姓日常生活的息息相关性。”①尤其是当相邻人从事生产或在生活中排放污水、废气、噪音等对其余相邻人产生危害时，物权法有关相邻关系的规定为邻里关系的解决提供了依据。《民法典》第294条规定“不动产权利人不得违反国家规定弃置固体废物，排放大气污染

---

① 刘凯湘：《物权法的生活性与生活中的物权法》，载民商法律网2006年3月23日，http://www.civillaw.com.cn/weizhang/default.asp? id=25382。

物、水污染物、土壤污染物、噪声、光辐射、电磁辐射等有害物质”这样便产生了环境权与相邻权的交集。由于环境权没有被真正写入法律文件，导致完全依据环境法进行权利保护很困难，社会实践中侵犯环境权的诉讼往往依据民法相邻关系的规定予以解决。

“仅就环境污染和生态破坏而言，权利人因行使企业的营业权，利用自己或他人的土地经营工厂或从事开发建设活动而产生废水、废气、废渣、粉尘、辐射、噪音、热量、振动、地面下陷等侵害，危害邻人身体健康和财产的，如果超过社会容许限度，则构成权利滥用、环境侵权。”①这里的环境侵权就是侵犯邻人的环境权。“环境侵权现象大多表现为非特定众多污染源的复合污染对相当区域不特定的多数人的侵害，侵害对象则包括人的生命、身体、健康、财产或其他生活上利益等，甚至还会损及子孙后代。而且一旦出现对生命健康和环境的损害，往往无法弥补和消除其后果。因此，环境侵权多为危害范围大、程度严重的社会性权益侵害，具有‘公害性’，而环境侵权的救济，不仅需要提供事后补救性的损害赔偿，而且更应注重事先预防性的侵害排除，尽量做到‘防患于未然’。”②这些对公益性保护的规定显然超出了民法对私益性保护的边界，使其具有环境法上的保护公益属性。又因为相邻关系（权）的本质是保障相邻关系人生产、生活的便利而要求另一方给予必要方便的权利，反映的是民事法律关系的主体之间平等、互惠、互利的关系。传统相邻权的内容一般包括土地通行和占用、相邻通风权、采光与通风、相邻用（取）水权、排水、铺设管道等权利。很明显的，是物权法对于相邻权内容的界定已经超出了传统相邻权的范围，而将其延伸至不动产权利人不得违反国家规

① 梁慧星：《民法总论》，法律出版社1997年版，第263页。

② 王明远：《相邻关系制度的调整与环境侵权的救济》，载《法学研究》1999年第3期。

定弃置固体废物，排放大气污染物、水污染物、噪声、光、电磁波辐射等有害物质，①从而形成了环境权与相邻权的交集，而产生的这种权利就是环境相邻权。"我国《物权法》第 90 条事实上就是关于环境相邻权的规定，它反映了相邻关系的生态化，是民法和环境法为适应保护环境的时代要求而进行的协同合作。"②

"民事权利的内容以环境法的规范为法律依据，是应该将之看成民法向环境法的嬗化，还是环境法向民法的渗透？如果将民法或者物权法或者更具体的相邻权领域看作一个知识领域、一个论说对象，那么它就是一个开放的领域，也就是各种各样的知识都可以参与关于相邻权的论说，只要这种论说是合理的、自洽的、有利于相邻关系的维护的。事实上，法学的知识体系，无论是哪个部门法都不是自足的。民法上的相邻权内容不仅可以包括传统民法上的权利内容，也可以包括新兴的环境法上的内容。以环境法律规范为法律依据，只要这种环境法律规范规定的内容是符合相邻关系现状的、不排斥相邻关系内容的。这或许也是当前流行的'民法的生态化'或'民法与环境法的对话'的手段和形式之一。"③

二、环境相邻权

（一）环境相邻权定义

"环境相邻权，是指基于环境保护的客观要求而发生的一定范围的相邻关系，是环境法律关系依法享有的权利和承担的相应

---

① 胡纪平、吴贤静：《相邻关系与相邻环境权制度的建立》，载《江南大学学报（人文社会科学版）》2007 年第 3 期。

② 安家满：《通过相邻权的环境权——环境相邻权》，载《中国—东盟博览》2013 年第 3 期。

③ 胡纪平、吴贤静：《相邻关系与相邻环境权制度的建立》，载《江南大学学报（人文社会科学版）》2007 年第 3 期。

义务。”[①]换句话说，“就环境污染而言，权利人因行使企业的营业权，利用自己或他人的土地经营或从事开发建设活动而产生废水、废气、粉尘、噪音、震动等侵害，危害邻人身体健康和财产的，如果超过社会容许限度，构成对公民环境相邻权的侵害”[②]。从环境相邻主体间权利义务关系角度亦可定义环境相邻关系，“环境相邻关系是指，因物的利用造成环境相邻关系主体的环境权益受到影响，在环境相邻关系主体之间产生的权利义务关系。这里的利用不仅包括私法上的利用，也包括在公法授权下而采取的利用行为。因此，环境相邻关系可以分为公法上的环境相邻关系和私法上的环境相邻关系”。笔者认为，环境相邻权比环境相邻关系的提法更加有利于相邻环境的保护。上述两种定义差别性不大，权利内容都是主体之间的权利义务关系，但是第二个定义说明了公法环境相邻权的存在。因此，笔者认同第二种定义。

“环境保护相邻权概念既着眼于环境权的保护，又具有相邻关系权利与义务相结合的特点，是现代社会相邻关系与环境保护相融合而形成的一种新型权利。相邻不动产使用中的环境保护问题涉及公共利益与私人利益，横跨民法与环境法领域。一方面，国家要制定强制性规范将社会生产与生活给环境造成的危害限制在可持续发展的限度内；另一方面，相邻不动产环境侵扰的责任承担问题又必须依赖民法来解决。基于相邻不动产利用而产生的环境保护问题催生了环境保护相邻权的理念与制度。”[③]此外，近年来，也有行政管理领域的

① 王清军：《环境相邻权的法理学分析》，载中国环境资源法学研讨会秘书处主编：《适应市场机制的环境法制建设问题研究——2002 年中国环境资源法学研讨会论文集》。

② 吕忠梅：《环境法》，法律出版社 1997 年版，第 281 页。

③ 焦富民：《环境保护相邻权制度之体系解释与司法适用》，载《法学》2013 年第 11 期。

不当决策侵犯环境相邻权的现象发生，也逐渐把公法上的环境相邻权纳入了研究领域，如政府城市规划不合理导致的建筑物挡光等现象。

“具体而言，对公民环境相邻权的侵害可以分为不可量物侵害、有形的生活污染和空间利用妨害等。不可量物侵害是指噪音、煤烟、震动、臭气、尘埃、放射性物体等不可量物质侵入邻地或相邻的建筑物造成的干扰性妨害或损害；有形的生活污染主要是指日常生活中由于排出生活垃圾造成的空气、水、土壤的变质和污染；空间利用妨害是指相邻关系主体因对日照、通风、眺望的权益利用而使对方生活的舒适和方便受到损害。”[①]所以说，环境相邻权是一种结合环境权和相邻权的新型权利。

（二）环境相邻权的特征

环境相邻权较传统的相邻权具有如下特征：

1.“相邻”范围有所扩大。环境相邻权调整的范围较传统相邻权范围扩大。传统相邻关系以“不动产相互毗邻”关系为限度范围，而环境相邻权不再囿于不动产相邻，而是“只要他方在不动产的使用过程中损害了自己不动产的有效使用或者其他合法的环境权益，皆可视为‘邻近’之妨害”[②]。也就是说，环境相邻不仅仅是以土地相邻近为唯一判断要件，“而主要是基于环境的生物性、地理上的整体性、生态的连锁性和环境影响的广泛性而发生的更大范围的‘相邻’”[③]。因此，只要不动产在被不动产权利人使用过程中，其他人主张这种使

① 魏怡琴：《环境相邻关系制度研究》，湖南大学2008年硕士学位论文，第6页。

② 黄喜春：《刍论环境保护相邻权制度》，载《中国环境管理干部学院学报》2007年第3期。

③ 吕忠梅：《沟通与协调之途——论公民环境权的民法保护》，中国人民大学出版社2005年版，第176页。

用对其造成了损害,而这种损害又是可以通过环境介质如空气、水等传递,对他人不动产的使用产生了影响,即侵犯其环境相邻权。环境相邻权的相邻范围较传统相邻权有了进一步的扩大。这又产生了一个问题,环境相邻权不囿于传统不动产相邻,范围到底扩大到什么程度,是否会失去权利边界导致权利的滥用。下面一并对环境相邻权的范围进行阐释。认定环境相邻权的范围可以两个标准来衡量:一是致害主体是否恒定;若非恒定,则不适用环境相邻权的规定,只能适用有关环境资源保护法的规定。二是致害行为是否具有持续性或惯常性,且造成了他人的妨害。① 只有满足上述规定的环境相邻权范围才可以突破传统相邻界限。

2. 环境相邻权的权利独立性。传统的相邻权是基于所有权的权利延伸或限制,并不是独立的权利,这就导致"相邻权人所行使的实际仍为基于不动产物权的物上请求权或侵权请求权,故以合法有效的不动产物权的存在为必要前提"②,即其独立的物权属性没有被承认。环境相邻权的相邻性不限于相邻各方拥有土地或不动产的物权,具有合法使用权即可;"仅需主体双方'相邻'的事实,即可成立以环境(人格)权为内容的环境相邻关系"③;也不要求必须不动产相毗邻,即环境相邻权没有所谓的基于不动产所有权的"源权利",不是"源权利"的权力延伸,其根据权利人环境权的人权权利属性而具有排除环境污染侵害、恢复良好环境的权利能力,具有请求权。所以说环境相邻权是具有独立请求权的权利。

---

① 参见黄喜春:《刍论环境保护相邻权制度》,载《中国环境管理干部学院学报》2007年第3期。

② 张小翌:《环境权视野下的相邻关系制度研究》,中国政法大学2009年硕士学位论文,第17~18页。

③ 张小翌:《环境权视野下的相邻关系制度研究》,中国政法大学2009年硕士学位论文,第18页。

3. 环境相邻权权利客体具有生态性。“法律关系客体与自然客体是不同的,不是因为人们作用的对象而成为法律关系客体,而因为对人们有用、能定分止争才有成为法律关系客体的必要,因而判断法律关系客体的条件即是否对主体有益。”[①]“阳光不是因为它是物而受法律保护,而只有它对特定的主体有用时法律才作为一种利益(客体)予以考虑,并赋予主体特定权利(如阳光权)加以保护。法律所保护的是和主体不能相分离地享用阳光的利益,而不是阳光本身。所以我们说,法律上的客体本身就是一种利益,而物、知识产权等不过是这种利益的载体。”[②]环境相邻权作为权利本身能够被确立,其前提是无须具有权利的客体,就权力本身所要保护的社会关系。相邻权的客体主要是行使不动产权利所体现的利益,而环境相邻权因相邻的范围的扩大,其体现的利益关系更多地包含环境权的环境权益,具有生态性特征。

4. 环境相邻权权利内容的广泛性。环境相邻权的权利内容具有广泛性是因为在不动产所有权人或使用权人行使自己相关权利时(如行使土地所有权构筑建筑物,当然也包括法人行使工矿企业的经营权和自然人的日常生活等),因超过一般社会容忍程度而产生的噪声、粉尘、日照、采光、通风、振动、废气以及热量辐射等,造成邻人的人身、财产和环境权益损害的,都可视为侵害环境相邻权的行为。环境保护相邻权是一种典型的邻地使用损害防免权。[③] 一方面,这包含了对噪声、废水、粉尘、震动、废气、辐射等污染的排除权,可理解为基

① 吕忠梅:《沟通与协调之途——论公民环境权的民法保护》,中国人民大学出版社2005年版,第177页。

② 参见彭诚信:《现代意义相邻权的理解》,载《法制与社会发展》1999年第1期。

③ 参见黄喜春:《刍论环境保护相邻权制度》,载《中国环境管理干部学院学报》2007年第3期。

于环境相邻权的超过环境忍受限度的环境污染排除权，具体子权利包括宁静权、清洁空气权、清洁水权等权利。另一方面，日照、通风、采光等人格利益方面的权利，又表现为基于人体健康、精神健康所应具有的权利，如日照权、远眺权、景观权等方面的权利。当然，环境相邻权的具体权利内容还会随着社会发展而不断衍生出新的权利内容。

5. 环境相邻权权利的复合性。“环境相邻关系与一般相邻关系一样，是相邻不动产所有权人或使用权人之间的积极权利与消极权利的复合。同时，它还具有基于环境保护的要求而出现的特殊权利的复合：财产权利与人格权利的复合；私法权利与公法权利的复合；法定权利与约定权利的复合。这种复合性是传统相邻关系所不具有的。”[①]具体来说，第一，环境相邻权发端于环境权和相邻权使其具有不动产权利人所有权延伸和限制的相邻权本身之属性，所有权延伸的相邻权权利属性表现为积极权利，所有权限制的相邻权义务属性表现为消极权利。环境相邻权亦具有积极权利属性和消极权利属性的特点，表现出对相邻人环境权的积极保护和利用环境、污染环境的限制。所以说，环境相邻权是相邻不动产所有权人或使用权人之间的积极权利与消极权利的复合。第二，环境相邻权是财产权利与人格权利的复合。环境相邻权既包含基于传统相邻权的所有权的财产性权利属性，又具有新的基于环境权的人权性质的人格权，如健康权内容，具有复合性。第三，环境相邻权是私法权利与公法权利的复合。环境相邻权的相邻保护中对自然人生活环境的保护是典型的私法性权利，对公众的环境权益保护又体

① 张小翌：《环境权视野下的相邻关系制度研究》，中国政法大学2009年硕士学位论文，第19页。

现公法的权利属性。具体到其发端,相邻权由民法予以规定,是典型的私法权利;环境权是由宪法和环境法所确立,具有公法属性。所以环境相邻权具有二者结合的属性,具有公法和私法的权利复合性。第四,环境相邻权是法定权利与约定权利的复合。虽然相邻权是典型的法定权利,但是在私法领域亦可以由当事人约定。环境权属于公法和社会法领域,环境公益是不可被约定的。环境相邻权原则上不可以被约定,因其保护的更多的是环境公益和人格利益,但是在复杂的社会生活实践中,却也有可以约定的情形,如建筑物区分所有权中环境相邻关系的噪声污染问题,如同一建筑物内,不同区分单元楼上楼下、左邻右舍因环境噪声污染所产生的环境相邻权纠纷,因其影响范围较小,属于私益的属性,可以在双方当事人同意的基础上,产生由当事人一方以付出一定经济代价为前提要求另一方忍受环境噪声的约定。所以说,环境相邻权具有法定性和约定性的复合性。

6.环境相邻权的利益多元性。传统的相邻权是基于不动产双方合理利用土地、效益最大化的立法精神的不动产财产权的利用关系,更多的是关注财产利益,是注重经济性的法律关系。环境相邻权不仅关注经济效益,因经济利益的最大化是环境相邻关系处理的一个基本着力点,也关注良好环境的享有权、环境的舒适程度等,继而涉及怎样利用不动产才能使大家居住得更加安宁、舒适。“对于舒适、安宁的考虑,不仅是一种比人的物质生活需求更深层次的精神生活需求,而且还包括有深刻的道德价值。”①此外,环境相邻关系各方都是邻居,相对比较熟悉,本着邻里和睦、相邻和睦的基本精神处理环境相邻关系有利于化解矛盾、解决纠纷,减少社会不稳定因素。因

① 彭诚信:《现代意义相邻权的理解》,载《法制与社会发展》1999年第1期。

此,环境相邻权更具有综合性的利益因素。

7. 环境相邻权的人格利益保护倾向性。相邻权基于传统民法不动产相邻关系的理论,是相邻各方财产权即所有权的延伸和限制,相邻权制度的规定是为了实现物尽其用、合理利用、利益最大化。环境相邻权中宁静权、清洁空气权、清洁水权、日照、通风、采光等方面的权利,不但不偏重于经济利益,而且实现这些权利可能会损害经济利益。但是,这些权利的实现有助于人体健康、精神安适。财产权和环境权保护相较而言,环境相邻权更偏重环境权保护方面,即环境的人格性利益实现方面。因此,环境相邻权具有人格利益保护倾向性。

8. 环境相邻权的精神利益关怀性。"现代法律功能的发展趋势,朝着既要保证生活的安定,也要保证生活的幸福方面发展,即物质利益、精神利益'两手抓'。民法通则及最高院司法解释规定了对生命权、健康权、身体权、姓名权、肖像权、名誉权、荣誉权、人格尊严权、人身自由权及隐私或其他权利的精神损害赔偿的精神保护,便是这一趋势的最佳例证。"①环境相邻权中包含了有关精神安适方面的内容,诸如因电磁辐射引发的环境相邻关系纠纷中,可能没有确切的证据表明电磁辐射限值违反了国家的电磁辐射方面的法律规定,但是环境相邻权相关权利人会产生焦虑、焦躁、失眠等精神忧虑,长期可能导致精神疾病的发生。因此,环境相邻权对此进行保护,体现了对人们精神健康、精神安适相关利益的关怀。

第二节　环境相邻权的内容

环境相邻权的相邻保护中对自然人因生活环境受到污染的保护

① 魏怡琴:《环境相邻关系制度》,湖南大学2008年硕士学位论文,第8页。

具有典型的私法性权利属性,对于公众的环境权益保护又体现公益性的权利属性,加之近年来相邻关系的公法研究和环境权理论对公法性侵权研究的深入,发现如行政机关城市规划不合理也可能会造成对公民环境相邻权的侵害。环境相邻权具有公法和私法的权利复合性,环境相邻权的权利内容既有私法的权利内容又有公法的权利内容。具体来说包括以下内容。

一、与居住相关的生活环境便利权

首先,生活环境(surroundings; environment),是指与人类生活密切相关的各种自然条件和社会条件的总体,由自然环境和社会环境中的物质环境所组成。生活环境按是否经过人工改造可分为自然环境和人工环境。自然环境是各种天然因素的总体,如与人类生活密切相关的空气、水源、土地、野生动植物等;人工环境是指经过人工创造的用于人类生活的各种客观条件,如用于人类生活的建筑物、公园、绿地、服务设施等。生活环境按从小到大可分为居室环境、院落环境、村落环境、城市环境等。按用途可分为休息环境、劳动环境、学习环境、工作环境、旅游环境等。生活环境的保护与每个人生活质量的好坏息息相关。我国《环境保护法》第1条就规定:"为保护和改善环境,防治污染和其他公害,保障公众健康,推进生态文明建设,促进经济社会可持续发展,制定本法。"所以说生活环境属于环境保护法的保护范围。《环境保护法》第2条"本法所称环境,是指影响人类生存和发展的各种天然的和经过人工改造的自然因素的总体,包括大气、水、海洋、土地、矿藏、森林、草原、湿地、野生生物、自然遗迹、人文遗迹、自然保护区、风景名胜区、城市和乡村等"的规定,进一步解释了环境的内涵。

与居住相关的生活环境便利权应该包括相邻安宁权、采光权、通风权、清洁空气权、清洁水权等权利。

所谓相邻安宁权,即环境相邻权利人享受宁静的权利,在其居住的生活环境中享受没有噪声、不被噪声侵扰的安静的权利。《噪声污染防治法》第 2 条规定:“本法所称噪声,是指在工业生产、建筑施工、交通运输和社会生活中产生的干扰周围生活环境的声音。本法所称噪声污染,是指超过噪声排放标准或者未依法采取防控措施产生噪声,并干扰他人正常生活、工作和学习的现象。”该条不仅对环境噪声进行了界定,而且规定了当噪声超过国家规定的排放标准时,就构成了环境噪声污染。环境相邻安宁权则要求不仅不被环境噪声污染侵害还要求不受环境噪声侵害。但这种权利保护的是法益,与现实生活中的实际法律规定是有一定区别的。

所谓采光权,也称为日照权,“是指不动产所有人或者使用人都有为了享受阳光照射而要求相邻另一方限制其房屋等建筑物的高度或者距离的权利”①。例如,《日本民法》第 234 条“建造建筑物时,必须与相邻土地境界线相距 50 公分以上”的规定,间接地对采光权进行了保障。同时,该条还规定,针对违反此规定而建造建筑物,相邻人为能达到废止或变更建筑物的目的,可以提出停止妨害请求。“以‘日照侵害’为例,它是指对于日照权(采光权)的侵害,主要是由于城市土地在三维空间上的过度利用而造成的。”②“因此,通常在现代民法中,日照妨害被纳入建筑物相邻关系予以调整。享有自然的、适度的光源是公民享有良好生活环境的权利的体现,日照权是环境相邻权中的一项重要内容。”③我国《民法典》第 293 条规定:“建造建筑

① 南帅妮:《环境相邻权问题研究》,山东科技大学 2011 年硕士学位论文,第 10~11 页。

② 陈华彬:《物权法》,法律出版社 2004 年版,第 318 页。

③ 丁晨星:《论我国环境相邻权制度的建立和完善》,山东大学 2009 年硕士学位论文,第 15 页。

物，不得违反国家有关工程建设标准，不得妨碍相邻建筑物的通风、采光和日照。”通风权，也就是建筑物开窗、开门后具有内部空气的自由流动的权利。与采光权类似，已在《民法典》第 293 条中予以规定。

清洁空气权，是指人们享受呼吸清洁、干净空气的权利。严重的空气污染就是大气污染，“大气污染是指由于人们的生产活动和其他活动，向大气环境排入有毒、有害物质，使其物理、化学、生物或者放射性等特性改变，导致生活环境和生态环境质量下降，进而危害人体健康、生命安全和财产损害的现象”①。近年来，大气污染严重，特别是近两三年来逐渐严重的雾霾天气、汽车尾气污染、工业废气排放等都对清洁空气权带来了新挑战。另外，室内空气污染也越发被人们所重视，而清洁空气权就是最大限度地在相邻关系范围内解决环境问题。每一个“点”的空气污染环境问题得到解决，“以点到面”，继而解决全社会空气污染环境问题实现清洁空气权。

清洁水权，就是在居住生活环境中享受无污染、干净的饮用水的权利。我国水资源总量虽然丰富，但近年来水污染严重，水环境质量下降。“水污染是指由于人们的生产和其他活动、使污染物或者能量进入水环境，导致其物理、化学、生物或者放射性特性的改变，造成水质恶化、影响水体的有效利用，危害人体健康、生命安全的现象。”②环境相邻权中的清洁水权显然比《水污染防治法》中规定的标准要求得高，或者至少是享有饮用不被污染的水的权利。

二、不可量物侵害排除权

《民法典》第 294 条规定：“不动产权利人不得违反国家规定弃置固体废物，排放大气污染物、水污染物、土壤污染物、噪声、光辐射、电

① 蔡守秋主编：《环境资源法教程》，高等出版社 2004 年版，第 221 页。
② 蔡守秋主编：《环境资源法教程》，高等出版社 2004 年版，第 216 页。

磁辐射等有害物质。"该条实际上是关于不可量物侵害引发相邻关系的规定,亦被学界看作环境相邻权在我国确立的法律依据。如前所述,不可量物侵害理论在我国环境民事法律纠纷中常常被援引,而其在我国的法律文件中又没有明确的文字规定。因此,地位尚不明确,笔者认为直接把这类不可量物侵害归入环境相邻权制度既可解决理论歧义问题,又可解决实践纠纷问题。因不可量物侵害理论的援引目的即是为解决环境相邻权问题提供理论依据,所以可以把其归入环境相邻权理论,只不过需要从权利保护角度定义其为不可量物侵害排除权。

三、精神安适权

精神安适权是指环境相邻权人在其居住、工作、学习等生活范围内享有的不因担心环境污染、其他公害造成身体健康损害的或不因相关风俗、宗教、信仰产生精神压力的适度的、正常的精神放松的权利。换句话说,不会因为环境相邻权相关权利人担心环境污染和公害产生会造成对权利人身体健康的危害而产生焦虑、焦躁、失眠等精神忧虑,这就是精神安适权。抑或"指相邻方的行为虽然没有造成物质上的损害,但影响了相邻方的精神、情感、宗教、信仰、风俗及习惯等,因此使相邻方的不动产的利用价值和交换价值受到影响"①。具体而言,这种精神上的焦虑和不放松在实践中多是诸如电磁辐射产生的污染会否损害权利人身体健康的担心而产生焦虑,封建迷信、风俗宗教、民族习惯对环境相邻权利人的影响而产生的精神压力和精神不快,如附近建有火葬场、殡仪馆、太平间等而产生精神压力。没有上述的精神压力、精神不快和精神忧虑即为精神安适权。

---

① 丁晨星:《论我国环境相邻权制度的建立和完善》,山东大学 2009 年硕士学位论文,第 16 页。

四、相邻环境管理参与权

如前所述,相邻权中亦有公法相邻关系问题。国家规划不合理、规划错误、环境标准过低等原因而产生的相邻问题显然是公法相邻权问题。实践中就发生过建设者持有正规手续建造建筑物或其他工程设施,该建筑物或设施损害了邻人的利益,如采光、通风,邻人要求拆除建筑物或请求赔偿,而建筑者则以该建筑物系在规划行政主管机关批准下建造的合法建筑物进行抗辩,这就产生了纠纷。“公众环境权益是公民基本权利中具有共通性和非独占性地享有环境利益的权利的集合,也是公民对其正常生活和工作环境享有不受他人干扰和侵害的权利与利益。由于该项权益的实现与公众稳定的生存环境密切相关,所以任何改变环境状况的行为都可能侵害公众的环境权益。当环境权益为公众要求政府采取措施保护环境,或者据以参与环境决策的场合适用时,公众的环境权益就会与公权力发生关系而与人权或宪法性权利相吻合,从而衍生公众的知情权、参与权、建议权以及相应的救济请求权。而当公众的环境权益被公民个人(集团)基于物权法的相邻关系或者侵权的场合适用时,公众的环境权益就会与开发利用环境和资源的行为人之间发生关系而具有私权属性。”①

因此,应该在环境法中规定环境相邻权应具有的环境决策公众参与权、环境信息知情权等具体权利。环境决策公众参与权是指环境相邻权利人在涉及自身相邻的环境规划、建设、改造等环境决策时享有参加的权利,并可以提出相应意见,该意见得到充分的尊重和考虑的权利。环境信息知情权是建立在环境信息公开的基础上,我国《政府信息公开条例》第 2 条的规定:“本条例所称政府信息,是指行

---

① 汪劲:《环境法学》(第 4 版),北京大学出版社 2018 年版,第 75 页。

政机关在履行行政管理职能过程中制作或者获取的,以一定形式记录、保存的信息。”环境行政管理的相关信息、城市规划管理的相关信息、建筑行政管理的相关信息均属于行政机关在履行职责过程中制作或者获取的信息,应该在行政信息公开之列,保证环境相邻权权利人具有知情权。

五、环境侵害排除请求权

环境侵害排除请求权,是指环境相邻关系权利人在其环境权益受到侵害时依法享有的请求国家行政机关予以行政保护、国家司法机关予以环境侵权司法裁判并排除该妨害的权利。

环境侵害排除请求权在行政法领域包括:行政管理确权救济和行政机关侵权行政诉讼救济两个方面。行政管理确权救济是指环境相邻权权利人认为其合法权益受到他人侵犯申请国家行政机关或法律授权、委托的组织以及其公职人员行使行政管理职权,依照法定程序和职权对环境相邻权利人合法权利予以确认,对违法行为予以纠正,恢复权利秩序的请求权。例如,《治安管理处罚法》第58条规定:“违反关于社会生活噪声污染防治的法律规定,制造噪声干扰他人正常生活的,处警告;警告后不改正的,处二百元以上五百元以下罚款。”这就是说如果环境相邻权权利人认为他人制造噪声侵犯了其权利可以报警,申请公安机关对其进行依法处理。或者依据《噪声污染防治法》第8条“国务院生态环境主管部门对全国噪声污染防治实施统一监督管理。地方人民政府生态环境主管部门对本行政区域噪声污染防治实施统一监督管理。各级住房和城乡建设、公安、交通运输、铁路监督管理、民用航空、海事等部门,在各自职责范围内,对建筑施工、交通运输和社会生活噪声污染防治实施监督管理。基层群众性自治组织应当协助地方人民政府及其有关部门做好噪声污染防治工作”的规定,申请国家环境噪声污染防治行政主管部门即环境保护部门保护其合法权利。行政诉讼救济就是环境相邻权权利人针对涉及侵犯其环境相邻权的行政行为向人民法院提起行政诉讼，由人民法院裁定行政行为的实施机关是否侵犯环境相邻权人的合法权利的权利保护方式。

具体诉讼领域还包括民事诉讼和刑事诉讼救济。我国《民法典》第1229条规定："因污染环境、破坏生态造成他人损害的，侵权人应当承担侵权责任。"环境相邻权权利人认为他人侵犯其环境相邻权利可以向人民法院提起民事诉讼，由人民法院进行民事司法裁定。

刑事诉讼救济是对严重侵犯环境相邻权的行为或环境犯罪处以最严厉惩罚。我国《环境保护法》第69条规定："违反本法规定，构成犯罪的，依法追究刑事责任。"我国《刑法》中的相关规定是第六章"妨害社会管理秩序罪"第六节"破坏环境资源保护罪"等一类刑事犯罪。根据我国《刑事诉讼法》的相关规定由国家对这类犯罪提起公诉，进行审判。

第三节　环境相邻权的现行法律寓存

一、环境相邻权的立法现状

我国国内立法尚无环境相邻权的直接规定，其相关规定皆在相邻关系和环境权益保护的法律条文中，因环境相邻权发端于环境权和相邻权，所以笔者认为关于相邻关系和环境权益的规定皆可认为是关于环境相邻权的规定。

（一）《民法典》中环境相邻权的规定

《民法典》第288条规定："不动产的相邻权利人应当按照有利生产、方便生活、团结互助、公平合理的原则，正确处理相邻关系。"第289条规定："法律、法规对处理相邻关系有规定的，依照其规定；法律、法规没有规定的,可以按照当地习惯。”第290条规定:“不动产权利人应当为相邻权利人用水、排水提供必要的便利。对自然流水的利用,应当在不动产的相邻权利人之间合理分配。对自然流水的排放,应当尊重自然流向。”第291条规定:“不动产权利人对相邻权利人因通行等必须利用其土地的,应当提供必要的便利。”第292条规定:“不动产权利人因建造、修缮建筑物以及铺设电线、电缆、水管、暖气和燃气管线等必须利用相邻土地、建筑物的,该土地、建筑物的权利人应当提供必要的便利。”第293条规定:“建造建筑物,不得违反国家有关工程建设标准,不得妨碍相邻建筑物的通风、采光和日照。”这里面的通风、采光和日照皆与环境相邻权有关。第294条规定:“不动产权利人不得违反国家规定弃置固体废物,排放大气污染物、水污染物、土壤污染物、噪声、光辐射、电磁辐射等有害物质。”第295条规定:“不动产权利人挖掘土地、建造建筑物、铺设管线以及安装设备等,不得危及相邻不动产的安全。”第296条规定:“不动产权利人因用水、排水、通行、铺设管线等利用相邻不动产的,应当尽量避免对相邻的不动产权利人造成损害。”上述规定除第291、292、295条以外皆可以视为对环境相邻权的规定。

(二)《环境保护法》中环境相邻权的规定

《环境保护法》第42条第1款规定:“排放污染物的企业事业单位和其他生产经营者,应当采取措施,防治在生产建设或者其他活动中产生的废气、废水、废渣、医疗废物、粉尘、恶臭气体、放射性物质以及噪声、振动、光辐射、电磁辐射等对环境的污染和危害。”第57条规定:“公民、法人和其他组织发现任何单位和个人有污染环境和破坏生态行为的,有权向环境保护主管部门或者其他负有环境保护监督管理职责的部门举报。公民、法人和其他组织发现地方各级人民政府、县级以上人民政府环境保护主管部门和其他负有环境保护监督管理职责的部门不依法履行职责的，有权向其上级机关或者监察机关举报。接受举报的机关应当对举报人的相关信息予以保密，保护举报人的合法权益。”这可以看作对环境权的间接规定，也可以作为环境相邻权保护的法律依据。

其余规定散见于环境保护法各环境要素污染防治法和相关的环境要素保护法中。

《水污染防治法》第 4 条规定：“县级以上人民政府应当将水环境保护工作纳入国民经济和社会发展规划。地方各级人民政府对本行政区域的水环境质量负责，应当及时采取措施防治水污染。”第 9 条规定：“县级以上人民政府环境保护主管部门对水污染防治实施统一监督管理。交通主管部门的海事管理机构对船舶污染水域的防治实施监督管理。县级以上人民政府水行政、国土资源、卫生、建设、农业、渔业等部门以及重要江河、湖泊的流域水资源保护机构，在各自的职责范围内，对有关水污染防治实施监督管理。”第 11 条规定：“任何单位和个人都有义务保护水环境，并有权对污染损害水环境的行为进行检举。县级以上人民政府及其有关主管部门对在水污染防治工作中做出显著成绩的单位和个人给予表彰和奖励。”第 12 条规定：“国务院环境保护主管部门制定国家水环境质量标准。省、自治区、直辖市人民政府可以对国家水环境质量标准中未作规定的项目，制定地方标准，并报国务院环境保护主管部门备案。”

《大气污染防治法》第 7 条规定：“企业事业单位和其他生产经营者应当采取有效措施，防止、减少大气污染，对所造成的损害依法承担责任。公民应当增强大气环境保护意识，采取低碳、节俭的生活方式，自觉履行大气环境保护义务。”第 8 条规定：“国务院生态环境主管部门或者省、自治区、直辖市人民政府制定大气环境质量标准，应当以保障公众健康和保护生态环境为宗旨，与经济社会发展相适应，做到科学合理。”第 9 条规定：“国务院生态环境主管部门或者省、自治区、直辖市人民政府制定大气污染物排放标准，应当以大气环境质量标准和国家经济、技术条件为依据。”第 14 条第 1 款规定：“未达到国家大气环境质量标准城市的人民政府应当及时编制大气环境质量限期达标规划，采取措施，按照国务院或者省级人民政府规定的期限达到大气环境质量标准。”

《噪声污染防治法》第 18 条规定：“各级人民政府及其有关部门制定、修改国土空间规划和相关规划，应当依法进行环境影响评价，充分考虑城乡区域开发、改造和建设项目产生的噪声对周围生活环境的影响，统筹规划，合理安排土地用途和建设布局，防止、减轻噪声污染。有关环境影响篇章、说明或者报告书中应当包括噪声污染防治内容。”第 8 条规定：“国务院生态环境主管部门对全国噪声污染防治实施统一监督管理。地方人民政府生态环境主管部门对本行政区域噪声污染防治实施统一监督管理。各级住房和城乡建设、公安、交通运输、铁路监督管理、民用航空、海事等部门，在各自职责范围内，对建筑施工、交通运输和社会生活噪声污染防治实施监督管理。基层群众性自治组织应当协助地方人民政府及其有关部门做好噪声污染防治工作。”第 9 条规定：“任何单位和个人都有保护声环境的义务，同时依法享有获取声环境信息、参与和监督噪声污染防治的权利。排放噪声的单位和个人应当采取有效措施，防止、减轻噪声污染。”

《固体废物污染环境防治法》第 13 条规定：“县级以上人民政府应当将固体废物污染环境防治工作纳入国民经济和社会发展规划、生态环境保护规划，并采取有效措施减少固体废物的产生量、促进固体废物的综合利用、降低固体废物的危害性，最大限度降低固体废物填埋量。”第 5 条规定：“固体废物污染环境防治坚持污染担责的原则。产生、收集、贮存、运输、利用、处置固体废物的单位和个人，应当采取措施,防止或者减少固体废物对环境的污染,对所造成的环境污染依法承担责任。"第 31 条第 1 款规定:"任何单位和个人都有权对造成固体废物污染环境的单位和个人进行举报。"第 9 条规定:"国务院生态环境主管部门对全国固体废物污染环境防治工作实施统一监督管理。国务院发展改革、工业和信息化、自然资源、住房城乡建设、交通运输、农业农村、商务、卫生健康、海关等主管部门在各自职责范围内负责固体废物污染环境防治的监督管理工作。地方人民政府生态环境主管部门对本行政区域固体废物污染环境防治工作实施统一监督管理。地方人民政府发展改革、工业和信息化、自然资源、住房城乡建设、交通运输、农业农村、商务、卫生健康等主管部门在各自职责范围内负责固体废物污染环境防治的监督管理工作。"

《放射性污染防治法》第 5 条规定:"县级以上人民政府应当将放射性污染防治工作纳入环境保护规划。县级以上人民政府应当组织开展有针对性的放射性污染防治宣传教育,使公众了解放射性污染防治的有关情况和科学知识。"第 6 条规定:"任何单位和个人有权对造成放射性污染的行为提出检举和控告。"第 8 条规定:"国务院环境保护行政主管部门对全国放射性污染防治工作依法实施统一监督管理。国务院卫生行政部门和其他有关部门依据国务院规定的职责,对有关的放射性污染防治工作依法实施监督管理。"

《水法》第 12 条规定:"国家对水资源实行流域管理与行政区域管理相结合的管理体制。国务院水行政主管部门负责全国水资源的统一管理和监督工作。国务院水行政主管部门在国家确定的重要江河、湖泊设立的流域管理机构(以下简称流域管理机构),在所管辖的范围内行使法律、行政法规规定的和国务院水行政主管部门授予的水资源管理和监督职责。县级以上地方人民政府水行政主管部门按照规定的权限,负责本行政区域内水资源的统一管理和监督工作。"

第28条规定:“任何单位和个人引水、截(蓄)水、排水,不得损害公共利益和他人的合法权益。”第48条规定:“直接从江河、湖泊或者地下取用水资源的单位和个人,应当按照国家取水许可制度和水资源有偿使用制度的规定,向水行政主管部门或者流域管理机构申请领取取水许可证,并缴纳水资源费,取得取水权。但是,家庭生活和零星散养、圈养畜禽饮用等少量取水的除外。实施取水许可制度和征收管理水资源费的具体办法,由国务院规定。”第56条规定:“不同行政区域之间发生水事纠纷的,应当协商处理;协商不成的,由上一级人民政府裁决,有关各方必须遵照执行。在水事纠纷解决前,未经各方达成协议或者共同的上一级人民政府批准,在行政区域交界线两侧一定范围内,任何一方不得修建排水、阻水、取水和截(蓄)水工程,不得单方面改变水的现状。”第57条规定:“单位之间、个人之间、单位与个人之间发生的水事纠纷,应当协商解决;当事人不愿协商或者协商不成的,可以申请县级以上地方人民政府或者其授权的部门调解,也可以直接向人民法院提起民事诉讼。县级以上地方人民政府或者其授权的部门调解不成的,当事人可以向人民法院提起民事诉讼。在水事纠纷解决前,当事人不得单方面改变现状。”第58条规定:“县级以上人民政府或者其授权的部门在处理水事纠纷时,有权采取临时处置措施,有关各方或者当事人必须服从。”

《土地管理法》第5条规定:“国务院自然资源主管部门统一负责全国土地的管理和监督工作。县级以上地方人民政府自然资源主管部门的设置及其职责,由省、自治区、直辖市人民政府根据国务院有关规定确定。”第9条规定:“城市市区的土地属于国家所有。农村和城市郊区的土地,除由法律规定属于国家所有的以外,属于农民集体所有;宅基地和自留地、自留山,属于农民集体所有。”第10条规定:“国有土地和农民集体所有的土地,可以依法确定给单位或者个人使用。使用土地的单位和个人,有保护、管理和合理利用土地的义务。”第11条规定:“农民集体所有的土地依法属于村农民集体所有的,由村集体经济组织或者村民委员会经营、管理;已经分别属于村内两个以上农村集体经济组织的农民集体所有的,由村内各该农村集体经济组织或者村民小组经营、管理;已经属于乡(镇)农民集体所有的,由乡(镇)农村集体经济组织经营、管理。”第14条规定:“土地所有权和使用权争议,由当事人协商解决;协商不成的,由人民政府处理。单位之间的争议,由县级以上人民政府处理;个人之间、个人与单位之间的争议,由乡级人民政府或者县级以上人民政府处理。当事人对有关人民政府的处理决定不服的,可以自接到处理决定通知之日起三十日内,向人民法院起诉。在土地所有权和使用权争议解决前,任何一方不得改变土地利用现状。”

《建筑法》第39条规定:“建筑施工企业应当在施工现场采取维护安全、防范危险、预防火灾等措施;有条件的,应当对施工现场实行封闭管理。施工现场对毗邻的建筑物、构筑物和特殊作业环境可能造成损害的,建筑施工企业应当采取安全防护措施。”第40条规定:“建设单位应当向建筑施工企业提供与施工现场相关的地下管线资料,建筑施工企业应当采取措施加以保护。”第41条规定:“建筑施工企业应当遵守有关环境保护和安全生产的法律、法规的规定,采取控制和处理施工现场的各种粉尘、废气、废水、固体废物以及噪声、振动对环境的污染和危害的措施。”

《城乡规划法》第2条规定:“制定和实施城乡规划,在规划区内进行建设活动,必须遵守本法。本法所称城乡规划,包括城镇体系规划、城市规划、镇规划、乡规划和村庄规划。城市规划、镇规划分为总体规划和详细规划。详细规划分为控制性详细规划和修建性详细规划。本法所称规划区,是指城市、镇和村庄的建成区以及因城乡建设和发展需要,必须实行规划控制的区域。规划区的具体范围由有关人民政府在组织编制的城市总体规划、镇总体规划、乡规划和村庄规划中,根据城乡经济社会发展水平和统筹城乡发展的需要划定。”第4条规定:“制定和实施城乡规划,应当遵循城乡统筹、合理布局、节约土地、集约发展和先规划后建设的原则,改善生态环境,促进资源、能源节约和综合利用,保护耕地等自然资源和历史文化遗产,保持地方特色、民族特色和传统风貌,防止污染和其他公害,并符合区域人口发展、国防建设、防灾减灾和公共卫生、公共安全的需要。在规划区内进行建设活动,应当遵守土地管理、自然资源和环境保护等法律、法规的规定。县级以上地方人民政府应当根据当地经济社会发展的实际,在城市总体规划、镇总体规划中合理确定城市、镇的发展规模、步骤和建设标准。”第9条规定:“任何单位和个人都应当遵守经依法批准并公布的城乡规划,服从规划管理,并有权就涉及其利害关系的建设活动是否符合规划的要求向城乡规划主管部门查询。任何单位和个人都有权向城乡规划主管部门或者其他有关部门举报或者控告违反城乡规划的行为。城乡规划主管部门或者其他有关部门对举报或者控告,应当及时受理并组织核查、处理。”

二、环境相邻权存在的问题

(一)环境相邻权理论上存在的问题

首先,环境相邻权基本理论研究上还存在诸如权利概念、权利范围和权利属性等界定不清的问题。这种不足导致了环境相邻权权利理论、权利内容并不是十分清楚。具体表现在环境相邻权“相邻”的范围较相邻权有所扩大,但是扩大到什么程度,还需要进一步研究。其次,还存在“保护目的仍然侧重于财产利益。根据利益平衡理论,我们要在经济利益和环境权益中寻求一个平衡点来解决环境保护与经济发展的矛盾"①。根据笔者的分析，环境相邻权应该更加注重对环境权益的保护而不是财产权利的保护，这也是其与相邻权的明显区别之一。最后，环境相邻权的具体权利内容并不是十分明确，导致其具体的法律司法化出现了障碍。

（二）环境相邻权立法上存在的问题

环境相邻权立法规定不足，保护力度不够。我国宪法和环境保护法等公法上没有明确确立环境相邻权，在现行法律文件中没有相关规定。"而世界各国（如俄罗斯、巴西等）却纷纷把环境权作为一项基本权利在《宪法》中加以确认，这体现了世界各国环境立法的发展趋势。与世界上许多国家相比，我国政府对保护环境权益及环境相邻权的重视程度是远远不够的，立法定位层次太低，不利于保护公民的合法权益。"②具体而言，我国宪法没有把环境权作为基本人权的权利种类作出规定，就更不可能规定环境相邻权。环境法上的相关规定也都局限在各部门的环境污染防治法领域和环境要素保护法领域内，没有形成统一的环境法领域内全体系的环境相邻权规定。"我国目前有关环境立法过于强调公民保护环境的义务，但是却忽视了公民所拥有的相邻环境的基本权利，比如相邻方享有的日照权、眺望权、通风权等等，这样的立法不仅不能使公民的基本权益得到保障，还不利于社会的和谐发展，人与人之间的和谐相处，因而存在一定的立法缺陷。"③在私法领域，民法上也没有对环境相邻权进行法

---

① 南帅妮：《环境相邻权问题研究》，山东科技大学2011年硕士学位论文，第25~26页。

② 王世进、周辉、吴菲等：《论环境相邻权的保护》，载中国法学会环境资源法学研究会：《在资源节约型、环境友好型社会建设与环境资源法的热点问题研究——2006年全国环境资源法学研讨会（年会）文集》。

③ 王世进、周辉、吴菲等：《论环境相邻权的保护》，载中国法学会环境资源法学研究会：《在资源节约型、环境友好型社会建设与环境资源法的热点问题研究——2006年全国环境资源法学研讨会（年会）文集》。

律确认,导致了私法领域保护也存在严重不足。仅《民法典》第二编第七章的九条规定,显然规定得过少。即使算上与之相关的规定,其内容也不是很丰富,更没有相关的环境相邻权的预防性权利保护内容。

(三)环境相邻权在实践中存在的问题

环境相邻权在司法实践中也存在很多问题,诸如理论和立法上的不足导致了在司法裁判中依据不足,常常出现“无法可依”的审判实践困局。“在关于相邻环境的侵害方面,不能有效的防患于未然,防止相邻环境侵害的发生,这样势必会造成相邻方的环境侵权,不利于邻里的和睦相处;在关于相邻环境侵害的保护方面,由于立法忽视了公民所拥有的基本权利,这样公民的基本权益得不到更好的保护和救济。”①这都是因为环境相邻权的法律依据不充分。即使进行了权利保护,认定了环境侵权,在后续的执行中也存在执行困难的情况。因为“尽管我国《民法通则》第83条规定了一方给相邻方造成妨害损失的,应当停止侵害、排除妨碍、赔偿损失等三种方式,但是基于这些规定过于原则,并且无专门司法解释或法律、法规加以明确规定,因而执行起来很困难。在相邻环境侵害中民事的救济方法相较行政的救济方法本身即存在不足”②。

---

① 王世进、周辉、吴菲等:《论环境相邻权的保护》,载中国法学会环境资源法学研究会:《在资源节约型、环境友好型社会建设与环境资源法的热点问题研究——2006年全国环境资源法学研讨会(年会)文集》。

② 王世进、周辉、吴菲等:《论环境相邻权的保护》,载中国法学会环境资源法学研究会:《在资源节约型、环境友好型社会建设与环境资源法的热点问题研究——2006年全国环境资源法学研讨会(年会)文集》。

本章小结

本章分析了环境相邻权及其在现行法律中的寓存,为全书比重较重要的章节。本章界定了环境相邻权,为后面环境相邻权的建构研究奠定了基础。

第一节对环境相邻权进行了界定。首先,从环境权与相邻权之交集入手阐释,分析了环境相邻权产生的必然性,并分析了环境相邻权定义。环境相邻权即是指基于环境保护的客观要求而发生的一定范围的相邻关系,是环境法律关系依法享有的权利和承担的相应义务。其次,分析了环境相邻权的特征:(1)"相邻"范围有所扩大;(2)环境相邻权的权利独立性;(3)环境相邻权权利客体具有生态性;(4)环境相邻权权利内容的广泛性;(5)环境相邻权权利的复合性;(6)环境相邻权的利益多元性;(7)环境相邻权的人格利益保护倾向性;(8)环境相邻权的精神利益关怀性。第一节分析的问题均较为基础,为第二节环境相邻权的内容研究限定了范围。

第二节分析了环境相邻权的内容,即通过研究认为环境相邻权应该具有如下内容:第一,与居住相关的生活环境便利权。与居住相关的生活环境便利权应该包括相邻安宁权、采光权、通风权、清洁空气权、清洁水权等权利。第二,不可量物侵害排除权。《民法典》第294条规定亦被学界看作是环境相邻权在我国确立的法律依据。只不过是从权利保护角度论述定义为不可量物侵害排除权。第三,精神安适权。精神安适权是指在环境相邻权人在其居住、工作、学习等生活范围内享有的不因担心环境污染、其他公害造成身体健康损害的或不因相关风俗、宗教、信仰产生精神压力的适度的、正常的精神放松的权利。第四,相邻环境管理参与权,即公众的知情权、参与权、建议权以及相应的救济请求权。第五,环境侵害排除请求权。这些权利内容是建构环境相邻权的意义所在,也是环境相邻权权利功能的重点,是未来环境相邻权理论重点研究领域,当然这一权利内容体系也是随着社会实践发展而发生变化的。

第三节分析了环境相邻权的现行法律寓存现状。首先,分析了环境相邻权的立法现状,即环境相邻权在我国现行法律文件中的相关规定:第一部分,分析了《民法典》中环境相邻权的规定,主要表现在《民法典》的相关规定。第二部分,分析了环境保护法等相关法律对环境相邻权的规定。主要有《环境保护法》《水污染防治法》《大气污染防治法》《固体废物污染环境防治法》《噪声污染环境防治法》《放射性污染防治法》《水法》《土地管理法》《建筑法》《城乡规划法》等相关法律的规定。其次,分析了环境相邻权在我国现行法学理论研究、立法、司法实践等方面存在的问题。第一,环境相邻权理论上存在的问题;第二,环境相邻权立法上存在的问题;第三,环境相邻权在实践中存在的问题。为下一章域外环境相邻权法学理论研究和环境相邻权法律规定考察奠定基础和确立考察重点。

本章在全书中至关重要,起承上启下之作用。本章首先在第一章和第二章的研究基础上得出了本书立论:环境相邻权理论。其次,分析了环境相邻权的含义、特征和权利内容,继而考察国内法律文件的相关规定,得出无论在理论研究上还是在法律实践上均存在不足之处,为下一章的域外法律理论和实践考察指明了方向,为最后一章如何确立、完善环境相邻权制度奠定了理论基础,挖掘了环境相邻权理论的权利确立空间。

第四章　环境相邻权相关理论与法律规定考察

第一节　大陆法系考察

一、德国的相关理论与法律规定——不可量物侵害制度

（一）概念和基本理论

“不可量物侵害是指噪音、煤烟、震动、臭气、尘埃、放射性等不可量物质侵入邻地造成的干扰性妨害或损害，其在性质上属于物权法上相邻关系的类型之一。”①“查士丁尼皇帝主持编纂的《学说汇纂》则从‘役权诉讼’的角度集中规定了若干种关于不可量物侵害的具体诉讼类型，以此为不可量物的受害者提供统一、具体的法律保护。当然，囿于历史条件和法学水平的双重限制，罗马法中对不可量物侵害的规定无论是调整的对象，还是规则的构成与适用的范围，都与现代意义上的不可量物侵害制度相距甚远。”②现代法意义上不可量物侵害制度规定最成熟的国家是德国。

德国的不可量物侵害规定于《德国民法典》所有权章节，《德国民法典》第二编第三章的第一节为所有权的内容，分别为第 903 条

---

① 王丽萍：《国外不可量物侵害制度及对我国物权立法的启示》，载《法学论坛》2000 年第 2 期。

② 黄风：《罗马私法导论》，中国政法大学出版社 2003 年版，第 173 页。

(所有权的自由度)、第904条(针对所有权紧急避险的免责),尤其是第905～924条都是有关相邻关系的规定。具体来说所有权包括:所有权的界限范围(第905条);不可量物(imponderabillien)的侵入(第906条);邻地设施或建筑物的危险(第907、908条);邻地挖掘(第909条);越界问题:越界根枝和果实(第910、911条)、越界建筑(Ueberbau)(第912～916条);必要通道(Notweg)(第917～918条);分界问题(第919～923条);请求权时效(第924条)。有关环境相邻权的理论主要在不可量物侵害条款中予以规定。德国法中的不可量物侵害制度包括三个层次:(1)因获得许可的营业活动所产生的不可量物的侵害制度,即所谓营业活动不可量物侵害制度,这是一个公法制度。主要用公法《联邦大气污染防治法》(其前身是1896年的《德国营业法》)调控,其中也涉及对不可量物侵害中受害人的救济;(2)基于一般生活活动所生之不可量物侵害制度;(3)关于无须许可而从事营业活动所生的不可量物侵害制度。后面两项系私法制度,适用《德国民法典》第906条的规定。《德国民法典》第906条规定:"(1)土地所有人不得禁止煤气、蒸汽、臭气、烟、煤烟、热、噪音、震动以及从另一土地发出的类似干涉的侵入,但以该干涉不妨害或者仅轻微地妨碍其土地的使用为限。在通常情况下,法律或者法规命令规定的极限值或者标准值不被依照这些规定算出和评价的干涉所超出的,即为存在轻微的妨害。(2)在重大的妨害是由对另一土地进行当地通常的使用而引起,并且不能被在经济上对这个使用人来说可合理地期待的措施所阻止的限度内,亦同。土地所有人须容忍某一干涉,并且该干涉超过可合理地期待的限度,侵害对其土地进行当地通常的使用或者侵害其土地的收益的,土地所有人可以向另一土地的使用人请求适当的金钱补偿。(3)不准许以特别管道进行侵入。"

"按照德国民法典第906条之规定,不可量物侵害是指煤气、烟气、热气、蒸汽、噪声、臭气、震动以及其他来自他人土地上类似干涉的侵入，所谓类似干涉的侵入大体上是以下物质所生的侵害：尘埃、采石粉尘、灰、火花、湿气、真菌类、电流、雪、落叶以及光的有意侵入。”①“据此规定，受害人承担忍受义务的条件是：(1)应当容忍侵入的只限于不可量物，即煤气、蒸气、烟雾、音响、震动等不可称量之物，而非砂土、石块、滴水等有具体体积、形状的非不可称量之物；(2)未有侵害或者即使有侵害但为轻微侵害；(3)即使有重大的侵害，但此侵害是该地域进行通常的土地使用产生的；(4)加害者对于其所造成的损害不能采取经济上可得期待的防止措施，通常认为此防止措施包括可阻止危险的营业的不可量物侵害发生的措施、能减轻被害程度的技术设备以及营业的转换及营业时间的变更等经济的措施，当然这些设施和设备须有实施可能且确有效应。此外，德国民法典还但书规定了一种不负容忍义务的情形，即对于通过特殊管道所产生的侵害，如有意识地针对特定人排放有害物质，受害者不负容忍义务。”②

“同时德国于 1974 年 3 月 15 日制定了《联邦不可量物侵害防治法》。该法旨在对空气污染、噪音、振动及类似的物质所引起的侵害加以规范。依照该法，对控制排放不可量物的规定主要包括三个部分，即与设备有关的排放控制的规定和与产品有关的排放控制的规定，以及与区域有关的排放控制的规定。与设备有关的排放控制的规定，主要是针对固定设备制定的。它把设施的设立分成需要获得批准的和不需要获得批准的两类。具有超过计划 10,000 立方米的处理能力的炼油厂和油罐库属于需要获得批准的设备。对需要获得

① 陈华彬：《法国近邻妨害问题研究》，载梁慧星主编：《民商法论丛》(第 5 卷)，法律出版社 1999 年版。

② 孙宪忠：《德国当代物权法》，法律出版社 1997 年版，第 193 页。

批准的设备,要求较严。"①

理论和实践上也将消极侵害和观念侵害纳入不可量物侵害的调整范围。"对于消极侵害,是指光照妨碍、通风妨害、观望的阻隔、地下水的剥夺以及通信信号、电视信号的妨碍等对基于土地所应享有的权利的阻隔。消极侵害一般是因为加害方的建筑物等设施而产生,但基于德国民法的基本理论,土地的所有者可以在其土地限度内随意享有其权利,这就使遭受不可量物消极侵害的受害者难以行使其不受此类侵害的权利,除非加害者行使权利时是存有恶意的,或者受害人有特殊理由享有排除此类侵害的权利,则可以请求排除妨害。"②"因为消极妨害通常由妨害地建筑物所生,一般情况下,妨害者无须考虑未逾越自己地界而修建建筑物是否消极侵害他人土地的利益。"③但是随着社会的发展该理论逐渐有所动摇。"在理论方面,德国发展了'被害者本位'的学说,提出对不可量物的消极侵害进行禁止不应受到特别限制,而应也纳入第906条规定的适用范围。同时,德国法院在判例实践中也对消极侵害加以禁止。"④"所谓'观念侵害'是指被害地之外的、影响被害地并使其价值减少的,或者引起被害地居住者心理不适的情形。具体而言,娼家、野外裸浴场、性用品商店、尸体停置场、住宅地域的卡拉OK、废铁、铁屑、垃圾、建筑资材贮藏所等均包括在内。这类物质,大多都带来邻人的羞耻心等心理上的不良影响,或者带来身体、心理上的不适等。依照判例,仅仅在'精神的感受性'被侵害的场合,除非遇有与消极侵害同样的例外

① 文伯屏编著:《西方国家环境法》,法律出版社1988年版,第57~58页。

② 赵立超:《论我国不可量物侵害制度的问题与完善》,延边大学2011年硕士学位论文,第17页。

③ 贺艳红:《不可量物侵害比较研究》,山东大学2005年硕士学位论文,第2页。

④ 赵立超:《论我国不可量物侵害制度的问题与完善》,延边大学2011年硕士学位论文,第17页。

情形,否则将适用第1004条的规定。但在健康或身体未产生异常性损害的同时,则不得适用该条。"①

（二）法律构成

"关于不可量物侵害的构成要件,1860年至今的德国普通法判例上,不可量物侵入被判定为违法的情形大致有如下类型:第一,由于异常设备而产生的不可量物侵入致使以通常方法利用土地的人遭受到相当大的损害;第二,由于不可量物侵入而致使被害者遭受到相当大的损害;第三,因人为的设施、管道而导入不可量物产生侵害他人权益的场合;第四,对加害地的利用违反法律、法规的场合。"②通常来说,加害地的异常利用与损害的重大性是不可量物侵入构成违法的要件。③"德国不可量物侵害制度成立的唯一实质性要件,是发生损害的'异常性'或'过度性',即损害超出了法律规定的相邻关系的通常的合理忍受限度。具体而言,当相邻一方的不可量物侵害并未超出通常的合理忍受限度时,相邻另一方必须容忍;相反,如果属于超出了合理的忍受限度,并经过利益权衡之后认为确实应当禁止的,则受害方得以禁止。判断侵害是否超出了合理的忍受限度并不依被害人的主观判断而是以客观标准为依据,这样就避免了实践中对同类案件的适用标准不一。由此可见,德国的不可量物侵害制度性质上属于相邻关系,相应的救济手段为物权的请求权。"④

根据《德国民法典》第906条及其他不可量物侵害的相关法律规定,德国法上的不可量物侵害的法律构成包括以下两个方面:第一,

---

① 贺艳红:《不可量物侵害比较研究》,山东大学2005年硕士学位论文,第3页。

② 金启洲:《民事相邻关系制度》,法律出版社2009年版,第102页。

③ 参见陈华彬:《法国近邻妨害问题研究》,载梁慧星主编:《民商法论丛》(第5卷),法律出版社1999年版。

④ 王宁:《完善我国不可量物侵害制度的构想》,昆明理工大学2010年硕士学位论文,第14页。

不可量物侵害所造成的损害应为"实质性"的，即符合"过度性"要件。对于是否构成"实质性"损害的判断标准，德国法将其规定于《联邦无形侵害防治法》《联邦污染防治法》等特别法中。如果损害造成的影响符合这些法律、行政法规中所规定的标准值，则不构成"实质性"损害。但是，这些法定标准值并不是唯一的衡量标准，当不可量物侵害导致受害人受到严重损害时，即使未超过法律规定的标准值，也可以视为符合"实质性"要件。第二，受害者对此侵害不负有容忍义务。受害者是否应负容忍义务取决于多种因素，如侵害的程度、当地的习惯、是否可采取经济上合理的措施阻止损害的发生等。如果依这些因素判断受害者应负有容忍义务，则不成立不可量物侵害，反之则成立不可量物侵害，加害者应承担责任。德国法上作此规定的立法目的在于，任何土地都处于某一特定的大环境中，而这个大环境本身就包含作为其一部分的干涉，则可以视为是"当地通行"的，受害人应负容忍义务。对于是否可采取经济上合理的措施消除不可量物侵害的影响，其"经济上合理"的判断是以相同或类似经营范围的人的经济承受能力为标准的。①

(三)救济方式

德国民法对不可量物侵害的救济方式主要有金钱补偿(衡量补偿请求权)、妨害除去、妨害禁止(请求权)三种方式。衡量补偿请求权又称"调整的补偿请求权"，是指对被害者进行金钱补偿的手段，也是对不可量物侵害进行救济的基本手段。"衡量补偿请求权是一种私法上的'强制牺牲补偿请求权'，其是在平衡公共利益和私人利益的冲突的目的下，基于利益衡量原则在不可量物侵害救济方式中的

---

① 赵立超:《论我国不可量物侵害制度的问题与完善》，延边大学2011年硕士学位论文，第17页。

运用而采取的一种中间性的、起调和作用的责任形式。"[①]适用这种救济方式,必须满足四个条件:其一,侵害须属重大。对于是否重大,应以一般正常人所能忍受的程度加以判定,与受害人的特殊敏感性无关,而忍受程度又应视土地的利用情况及社会一般保护意识而定。其二,双方土地的使用应具有当地土地利用的惯行性。其三,须加害地所有人以现有的技术和经济能力无法采取有效措施阻止损害的发生。其四,侵害的产生并非由特殊的管道导入而产生。妨害除去、妨害禁止救济权,是指根据《民法典》第906条的规定,在受害者不负有忍受义务时,被害地所有人有权依照《德国民法典》第1004条的物权请求权制度行使妨害排除和禁止的权利。[②] 与这三种方式适应的救济起因分别为:第一种是在侵害非属重大的侵害事实情况下,受害人负有绝对容忍义务;第二种是在造成重大损害事实的情况下,经利益衡量不应禁止不可量物侵害来源的活动时,受害者可享有衡量补偿请求权;第三种是造成了重大的侵害事实,且此种侵害不能依衡量补偿请求权加以解决时,受害人享有妨害排除请求权。

二、法国的相关理论与法律规定——近邻妨害制度

(一)概念和基本理论

"'近邻妨害'是指相邻土地的所有人或利用人之间发生的一种特殊意义的侵害状态,包括烟雾、音响、噪音、振动、声、光、电、热、辐射、粉尘等不可量物侵入邻地所造成的干扰性侵害,对邻地日照、通风、电波的干扰以及因挖掘、排水等导致的邻人侵害等。"[③]"所谓近邻妨害,从加害人角度来看表现为责任问题,而从受害人角度来看,

---

① 赵立超:《论我国不可量物侵害制度的问题与完善》,延边大学2011年硕士学位论文,第18页。

② 参见贺艳红:《不可量物侵害比较研究》,山东大学2005年硕士学位论文,第9页。

③ 魏怡琴:《环境相邻关系制度研究》,湖南大学2008年硕士学位论文,第13页。

则表现为法律保护问题,这是同一个问题的两个不同侧面。其中所谓近邻妨害的责任问题,概而言之,是指土地的利用人的获得正当利益而尽一切可能的注意、合法地使用自己的土地时,如果引起近邻者的受害,该土地利用人是否应当对该近邻者承担责任。"①"众所周知,于民事立法上,法国民法典未如德国民法典那样就不可量物之侵害设置特别规定。"②"由于《法国民法典》制定当时没有对诸如光、热、气、震动等不可量物的侵害制度予以规定,导致了在日常生活中因这类不可量物所生之侵害的解决遂成难题。为了解决这一难题,法国的司法判例以及理论学说进行了长期的探索和争论,逐渐形成了具有法国特色的'近邻妨害制度',用以解决相邻的建筑物间、建筑物与土地间以及相邻土地之间的不可量物之侵害。"③如今随着理论和司法实践的发展"基于判例形成、学说构筑的近邻妨害法理已成为一种较为成熟的定型的制度,实现并积极发挥着与德国法之不可量物侵害制度同样的调整功能"④。

"从法国民法典来看,近邻关系是作为所有权的限制加以规定的,认为对所有者的权利需不断加以限制,即使在自己的土地上,也不得为损害邻人及其他人的既得权的行为。"⑤《法国民法典》也未以"相邻关系"的名称规定不动产的所有人与占用人之间的近邻关系制度,而是从役权上对其加以规定。

---

① 王明远:《法国环境侵权救济法研究》,载《清华大学学报(哲学社会科学版)》2000年第1期。

② 陈华彬:《法国近邻妨害问题研究》,载梁慧星主编:《民商法论丛》(第5卷),法律出版社1999年版。

③ 郑晓剑、邱鹭风:《不可量物侵害制度比较研究》,载《西南政法大学学报》2009年第3期。

④ 陈华彬:《法国近邻妨害问题研究》,载梁慧星主编:《民商法论丛》(第5卷),法律出版社1999年版。

⑤ 贺艳红:《不可量物侵害比较研究》,山东大学2005年硕士学位论文,第10页。

1804年的《法国民法典》第2卷(财产及所有权的各种变更),在所有权之外独立的第四编规定了役权或地役权。[①]“根据第639条的规定,役权可以按照发生的原因分为自然役权、法定役权和约定役权。第1章,第640~648条规定了因场所位置而产生的自然役权,包括自然流水、排水、用水役权,以及划界和围栏设置役权。第2章,第649~685条规定了由法律设定的役权。根据第649条,该种役权按目的又可区分为公益役权和私益役权。法定役权包括,共有分界墙和分界沟(第653~672条)、中间工作物(第674条)、共有墙的眺望(第675~677条)、檐滴役权(第681条)、法定通行(役)权(第683~685条);之后在1921年增设了关于越界树木的处理规定(第673条)、1967年增设了建筑眺望役权(第678~680条)、1967和1971年补充了关于飞地通行役权的规定(第682、685条)。第3章,第686~710条规定了由人的行为设定的役权,即意定役权。该种役权只能对财产设定,包括乡村地役和城市地役、持续地役和非持续地役、表见地役和非表见地役。”[②]法国的“近邻妨害”案例从司法实践上看,其裁判机关有民事裁判所和行政裁判所。民事裁判所和行政裁判所则分别负责环境民事侵权和环境行政侵权的审判。

(二)法律构成

从归责原则上来看,法国的近邻妨害制度采用的是过错责任原则。《法国民法典》第1382条规定:“任何行为致他人受到损害时,因其过错致行为发生之人,应对该他人负赔偿之责任。”[③]从这一法条中可以看出,加害人的主观过错是法律适用的构成要件之一。当加

---

① 参见《法国民法典》(上册),罗结珍译,法律出版社2005年版。

② 韩光明:《不动产相邻关系规则分析》,中国政法大学2006年博士学位论文,第56页。

③ 《法国民法典》,罗结珍译,中国法制出版社2000年版,第380页。

害者引起了超过以相邻关系为基础的通常义务的损害时,即要认定其应承担责任。近邻妨害责任的成立所要求的唯一要件就是发生损害的异常性。所谓“异常性”是指损害超越了因近邻关系所产生的通常忍受义务的限度。在社会生活中,邻人之间应忍受一定的行为,这是社会存在的条件,但如果超出了上述限度,加害者即应承担近邻妨害责任。举证责任采纳因果关系推定的原则。因为某些客观原因的限定,受害人对因果关系进行举证存在一定的难度。

另外,在具体的司法实践中,“民事审判所在处理近邻妨害案件时,还考虑以下几个因素:(1)不动产的使用时间。若受害人先于加害人成为土地的所有人,则承认受害人享有‘先住权’,这种情况下通常认定加害人有过错,加害者应对受害人的损失承担责任。反之,若受害人后于加害人成为土地的所有人,实践中则存在着答案不一致的判例。(2)受害人的个人感受。尽管要考虑这一因素,但需区别被害方对于该特别状况的感受的正常与否。若受害人的感受属正常人的感受,则加害人不能免除责任。反之,若受害人的感受不属于正常人的感受,加害人不承担相应的责任。但是,实践中也有判例认为不应考虑受害人个人感受,只应考虑侵权发生当时的时间和场所”①。

在环境保护公益方面“对不同地域、性质、类型的企业污染制定了相应的环境质量标准和污染物排放标准,通常认为该类标准系社会认可的是否构成对邻人的‘异常性’或‘过度性’损害的法定界限,凡超过界限值的,即认其损害具有‘异常性’或‘过度性’而应当负赔偿责任”②,即被认定为环境违法,应承担责任。

(三)救济方式

“由于判例将近邻妨害作为侵权行为责任加以构成和处理,而法

---

① 魏怡琴:《环境相邻关系制度研究》,湖南大学2008年硕士学位论文,第14页。
② 魏怡琴:《环境相邻关系制度研究》,湖南大学2008年硕士学位论文,第14页。

国的侵权行为责任又以恢复原状(法国民法典第1382条)为原则,因而其近邻妨害侵权行为的民事责任形式有两种:恢复原状和金钱赔偿。其中,金钱赔偿是最普通的救济方式,其赔偿范围包括'物的损害'和'精神的损害'两个方面,其支付方式亦有临时金支付和年金支付两种。恢复原状的责任方式中包括侵害之禁止。"[①]损害赔偿的支付方法有临时金支付和年金支付两种,法官可以根据具体情况选择自己认为适合于恢复受害人损害的方法,也可以对年金支付附加必要的条件,可以责令继续性损害的加害人在其停止损害之前定期赔偿。[②]

"恢复原状的具体方式包括由法官依法向近邻妨害的加害人发布改善命令和禁止命令。其中改善命令是指为了防止环境侵害而命令加害人采取必要的措施,如命令加害人安装污染防治装置等。对于以改善命令仍不能防治的仍在继续发生的环境侵害或将来有发生环境侵害的可能的,法官则应命令其停止该活动的部分或全部,此为发布禁止命令。"[③]侵害之禁止的适用,"法国有两种占据重要地位的学说:一种学说为过错说,认为近邻妨害之禁止须以加害人有过错为必要,未有过错时,受害人仅能请求金钱赔偿;另一种学说为衡平说,认为近邻妨害是否禁止,必须考虑对立的诸利益对于社会的有用性及其大小,如果停止妨害原因不如维持妨害原因对社会更为有利时,则受害人只能请求经济赔偿或请求加害人改善工艺,而不能请求禁止近邻妨害,只有当维持妨害原因对社会的有用性甚小时,被害者才可请求去除妨害原因。"[④]笔者认为第一种学说比较合理。因为在解

---

① 陈华彬:《法国近邻妨害问题研究》,载梁慧星主编:《民商法论丛》(第5卷),法律出版社1999年版。

② 参见王明远:《环境侵权救济法律制度》,中国法制出版社2001年版,第234页。

③ 李玉泉:《环境保护相邻权研究》,吉林大学2009年硕士学位论文,第16页。

④ 陈华彬:《法国近邻妨害问题研究》,载梁慧星主编:《民商法论丛》(第5卷),法律出版社1999年版。

决环境纠纷时更多的考量应该是环境利益和人们的生存利益,而不是更多的经济利益。这也是近邻妨害制度在法国具体司法实践中能够产生的最根本内驱力。

三、日本相关理论与法律规定——公害补偿制度和生活妨害制度

日本非常重视环境污染和公害方面的立法。日本的公害立法也都制定得较早。20 世纪重要的公害立法就有:《公害对策基本法》(1967 年)、《大气污染防止法》(1968 年)、《噪声防止法》(1968 年)、《有关公害健康被害救济的特别措施法》(1969 年)、《公害纷争处理法》(1970 年)、《水质污染防止法》(1970 年)、《农用地土壤污染防止法》(1970 年)、《废弃物处理法》(1970 年)、《恶臭防止法》(1971 年)、《自然环境保全法》(1972 年)、《公害健康被害补偿法》(1973 年)、《振动防止法》(1976 年)等。

日本处理环境公害首先以污染者为赔偿义务对象,但是往往由于污染者难以确定,污染波及面广、受害者人数众多,污染者往往难以支付赔偿金额。这时赔偿就很困难,对此,日本专门建立了公害补偿制度,即当污染者无法确定,或是污染者虽然明确却无力承担赔偿且没有投保,或是污染者虽然投保但保险金不足以弥补损失的情况下,公害补偿制度就会发挥其作用。"公害补偿是由政府筹集主要资金,在受害者通过其他救济方式无法弥补自身损害时,由基金予以补偿的方式。"①1973 年日本又颁布了《公害健康受害补偿法》,详细规定了补偿的要件包括指定地区、指定疾病和暴露期限等内容。"领受补偿者必须在公害地区居住过;所患疾病为政令所确定的公害病;在公害地区居住或滞留期间符合政令所指定期间。公害补偿给付制度

---

① 王晓辉:《日本公害补偿制度评析与借鉴》,载《环境保护》2011 年第 16 期。

可使受害人在致害行为的违法性认定以前，先行得到补偿。”[①]“补偿内容包括疗养费、医疗费、残疾补偿费、遗属补偿费、儿童辅助补偿、疗养辅助和葬礼费用。费用原则上由构成大气污染和水污染的企业负担。具体是：支付给受害者的补偿金，全额由事业单位筹措；公害保健福利事业所需费用的一半由污染者负担，剩余一半由公费负担，公费部分一半由国家负担，一半由实施福利事业的都道府县负担；补偿所需的事务性日常开支由公费负担，由国家和都道府县各负担一半。补偿金通过向企业征收赋课金获得，分‘污染负荷量赋课金’和‘特定赋课金’两种。”[②]

1993 年日本制定的《环境基本法》，标志着日本新的环境法体系的确立。“第一，在《环境基本法》中明确确立了可持续发展的环境法基本理念。第二，在可持续发展理念指导下，具有法定计划性质的环境基本计划成为日本环境基本法制的中心。第三，国家在制定和实施相关政策时，具有环境保护的义务。第四，导入了政府制定环境保护的基本计划、采用经济手段等措施。第五，明确规定了关于地球环境保护相关的国际协助措施。”[③]

日本在处理因相邻关系而发生的环境侵权案件时没有借鉴德国建立不可量物侵害制度，而是学习法国引进了近邻妨害制度，在理论和司法实践中创立了“生活妨害制度”。该制度有自己的特点：第一，日本法没有明确的区分生活妨害中的私害和公害。日本非常重视环境公害的防治，而且在历史上日本也是环境公害的巨大受害者，发生的震惊世界的八大公害事件有一半发生在日本，所以日本司法实践

---

① 杜钢建：《日本的环境权理论和制度》，载《中国法学》1994 年第 6 期。

② 王晓辉：《日本公害补偿制度评析与借鉴》，载《环境保护》2011 年第 16 期。

③ 罗丽：《从日本环境法理念的转变看中国第二代环境法的发展》，载《中国地质大学学报(社会科学版)》2008 年第 3 期。

界没有进行公害和私害的区分,实践中也往往难以区分。第二,日本环境法中对生活妨害制度的规定没有效仿《德国民法典》引入行政法规的具体标准的模式来规定相邻人所应承担忍受义务范围,而是运用“忍受限度论”来辅助论证加害人是否应该承担违法责任。“所谓忍受限度论,其目的是通过确定一个忍受的标准以用于判断加害方是否违法。侵害如逾越社会一般人的忍受程度,即属违法,构成违法;反之,受害人则负有容忍义务,即阻却违法性的成立,不构成违法。其本质是利益衡量在相邻关系及环境污染侵权纠纷中的具体应用。”①第三,在生活妨害制度法律救济方面日本的环境法将损害赔偿及排除侵害的救济方式规定采取分别立法方式。损害赔偿方面主要依赖于侵权行为法;排除侵害法方面则主要依赖于物权请求权说、人格权说、环境权说及侵权行为说理论等。“但实际上,为数较多的判例通常采取了并不十分明确的法律构成理论,而仅就该妨害行为是否为忍受限度内问题进行论述与判断,最终作出判决的裁决方式。因此,日本法学理论界认为,无论采取何种法律构成,实际上其结论一般是一致的。”②

第二节　英美法系考察

一、英国的相关理论与法律规定——私人妨害制度

(一)概念和基本理论

私人妨害制度是指“不合法妨碍他人使用或者享受其土地或与

---

① 丁晨星:《论我国环境相邻权制度的建立和完善》,山东大学2009年硕士学位论文,第25页。

② [日]大塚直:《关于生活妨害的停止请求的基础考察》,载《法学协会杂志》1990年第7期。

土地有关的权利及相关的其他利益"①。"在这个定义中，'不合法（unlawful）'这个字眼是关键性的，因为它指明不是对所有妨碍他人使用或享受其土地利益的人都可以提起诉讼；这种适用是以事后推导（expostfact）的方式进行的，其不合法的本质是从被认定为妨害的事实中推导出的。"②也就是说，原本该行为是不违反法律规定的，但因其超过了必要的限度，影响了相邻土地权利人的利益后被法院判令为违法行为，即事后推导其违反法律的模式。英国学者约翰·墨菲（Murphy）把私人妨害定义为"任何正在进行的或反复发生的，对原告的土地或原告使用或享受其土地造成实质的和不合理的妨碍的活动或状态"③。英国的私人妨害制度在英国的法律体系中所起的作用非常重要，这是因为："首先，私人妨害制度从日常的相邻关系方面为每一位普通民众提供了法律上的规范和准则；其次，在民众利益受到损害的时候，私人妨害制度可以对公民的基本权利进行保护。从而使以英国法为源头的整个英美法系国家富含民主氛围与民族气息的文化底蕴。"④"设立该制度的宗旨是：在两种均为合法但相互冲突的利益之间实现平衡，即土地所有者以自己喜欢的方式自主使用土地的权利和其邻居不受妨碍地使用土地的权利之间的平衡。诉讼当事人双方是通常意义上的邻居。这种侵犯在方式上可以是无限的，例如：震动、气味、洪水、烟雾、灰尘、昆虫、噪音、强光和高温、频繁不断的来电等等。但必须注意的是，这种侵犯之所以构成妨害，必须是该行为或活动危及了原告土地

---

① See Winfield Jolowicz: *The Law of Torts*, London, 1971, p. 494.

② 李旭彬：《论英国侵权法中的私人妨害制度》，对外经济贸易大学2004年硕士学位论文，第2页。

③ John Murphy, *The Law of Nuisance*, Oxford University Press, 2010, p. 5.

④ 孙晓文：《环境相邻关系制度研究——基于民法分析的视角》，山东财经大学2012年硕士学位论文，第21页。

利益的使用和享有。”①

“Wright 勋爵认为，虽然私人妨害的方式是变化无常的，但对其进行分类是可能的。他在 Sedleigh-Denfield V. O'Callaghan 案中将私人妨害的类型分为如下四类：a. 蚕食原告土地，比如通过树枝或树根侵蚀土地等；b. 对原告土地或其上财产的有形侵害，比如发大水、震动、房屋倒塌、排放损伤植物的有毒气体等；c. 妨碍地役权（easement）的行使，比如妨碍私人通行；d. 干扰原告的舒适或便利，例如通过气味、灰尘、震动、噪音，在其土地上开妓院等。”②

（二）法律构成

私人妨害制度的构成要件包括：

1. 故意。原告必须要证明被告的行为有故意、过失或者是有异常危险。不过，多数妨害之诉因被告的故意行为而发生。这并不意味着被告希望干扰原告对其土地的使用和享用，仅仅是被告非常确信地知道会产生此种干扰。③ “即使被告在行为时不知道会造成损害，知道其行为正在对原告造成损害后，仍继续为行为的，对于损害也是故意的。这是妨害案件中确定故意的通常标准。”④

2. 实质（substantial）的干扰。对原告土地的使用和享用的干扰必须是实质性的，即严重的。因为妨害案件通常涉及使用土地的冲突。“是否严重，没有固定的标准，一般根据具体事实确定。如果原

---

① 李旭彬：《论英国侵权法中的私人妨害制度》，对外经济贸易大学 2004 年硕士学位论文，第 2～3 页。

② 李旭彬：《论英国侵权法中的私人妨害制度》，对外经济贸易大学 2004 年硕士学位论文，第 5 页。

③ 参见［美］史蒂夫·L. 伊曼纽尔：《侵权法》，中信出版社 2003 年版。

④ See Joseph William Singer, *Introduction to Property*, p. 101. 转引自刘波：《英美法妨害与德国法不可量物侵害比较与借鉴——兼评〈物权法〉第 89 条和第 90 条》，载《广西政法管理干部学院学报》2012 年第 3 期。

告的身体受到伤害或财产遭受有形的损害(physical harm),此种干扰是‘实质性的’。如果原告遭受的损害是使其遭受不便或难闻的气味、噪音等,只有群体中有正常敏感性(normal sensitivity)的一员遭受严重烦扰(seriously bothered)的时候才会有实质的损害。由此可见,个人的不适是否为重大损害的标准是:该行为是否对该区域之普通人来说具有不合理的冒犯性。同时,是否构成‘实质干扰’(substantial interference)通常部分取决于邻近地区的性质(neighborhood)。"①

3. 干扰为不合理。在妨害案件中,必须要求被告干扰原告使用和享用土地权益的程度是不合理的。这意味着即使被告故意干涉原告的权利,只要此种干涉并非不合理,其就有特权干涉。这是因为"生活在有组织的社会,特别是在人口密集的群体中,个人利益不可避免地会相互冲突。几乎所有人类的活动,除非在荒野外进行,都会不同程度的干扰到他人……群体中的每个人必须忍受一定程度的噪声、不便和干扰,为很好地生活在一起的每个人必须承受一定的风险"②。

(三)救济方式

对妨害的救济方式主要有三种:第一种为禁令(injunction)。私人妨害案件的传统救济措施是发布不得实施侵权行为的禁令。它反映的是财产权利的绝对观念:每一个所有人有权不受侵扰的享受其不动产。如果实施侵扰之人只要以损失赔偿的形式补偿所有人就可以取消这种权利,将于国家征收(eminent domain)无异——所有人将在不同意的情况下被迫出售其权利。因为只有政府才有国家征收权,法院曾认为禁令是保护所有人的权利所必需手段。被告行为的

---

① 刘波:《英美法妨害与德国法不可量物侵害比较与借鉴——兼评〈物权法〉第89条和第90条》,载《广西政法管理干部学院学报》2012年第3期。

② [美]史蒂夫·L.伊曼纽尔:《侵权法》,中信出版社2003年版,第398页。

社会效用不予考虑。第二种为损害赔偿(damages)。在英国的司法实践中,很少会有法院在妨害案件中真正发布禁令,法院越来越多的认为损害赔偿金是对妨害案件的通常救济方法。[①] 第三种为自救——通过减轻损害的方式(abatement)。法律一般不鼓励当事人采取自行减轻损害的方式(也就是由受害人除去妨害),实践中,在行使减轻损害的权利时受害人通常要先通知妨害侵权人,除非:(1)情况紧急;(2)不进入施加妨害人的土地不能除去妨害;(3)妨害侵权人仍占有该土地。[②] 选择自行减轻损害救济方式的人就意味着其放弃了诉权,但他可能有权对减轻损害前遭受的损失要求赔偿[③],并可以主张为减损而支出的正当合理的费用。[④]

二、美国的相关理论与法律规定——私益妨害制度

(一)概念和基本理论

根据《布莱克法律词典》里的解释,妨害是指:"源于某人不合理地、无根据地、不合法地使用其动产或者不动产,或者源于某人的合法行为导致他人的权利或者公众的权利受到妨碍或损害并产生实质性的烦扰、不便、不舒适或伤害的侵权行为的集合。"妨害在种类上分为公共妨害和私人妨害。两者区别的依据是所影响的是公共利益还是私人利益。"《美国侵权法第二次重述》[the Restatement (Second) of Torts]第821(D)条将其定义为:非侵入性的侵犯个别人使用和享

① 参见刘波:《英美法妨害与德国法不可量物侵害比较与借鉴——兼评〈物权法〉第89条和第90条》,载《广西政法管理干部学院学报》2012年第3期。

② See Fones v. Wiliams (1843) 11 M & W 176; Lmeon v. Webb (1895) AC 1; Lagan Navigation Co. v. Lambeg Bleaching,Dyeing & Finishing Co. Ltd (1927) AC. 226.

③ City of Richmond. V. Scantelbury (1991) 2VR38.

④ Co-operative Wholesale Society Led v. British Railways Board, the Times, 20, December 1995.

用不动产权益的行为。”[①]妨害行为是美国环境法领域最常见的侵权行为。“首先，这个定义揭示了私益妨害的一个最基本特征——非占有性侵扰，这也是普通法两个最基本的财产权保护制度——私益妨害与非法侵入（trespass）最根本的区别。具体而言，前者不占有他人土地，但妨害或降低了他人对土地的使用和享有利益；而后者不但侵入他人土地，而且对他人的土地占有本身形成了障碍。故实践中常常以是否存在物质性侵入（physical entry）为区别二者的关键。”[②]“其次，私益妨害是对他人私人性使用土地和享有土地利益的侵扰。土地使用有公共性质和私人性质之分；作为社会公众成员之一使用公共道路、公园等就是对土地的公共使用。与此相对应，普通法传统上将妨害分为公益妨害与私益妨害。公益妨害是指对一般大众公共权利的不合理的侵扰。”[③]“再次，这个定义将私益妨害定义为对利益的侵扰，说明私益妨害不仅是一个财产法问题，而且是一个侵权法问题。它起源于财产法，既保护财产权，也保护生命、健康等人身权。”[④]

（二）法律构成

1. 主观过错。《美国侵权法第二次重述》第 822 条规定了一个人承担私益妨害责任的一般规则，即其侵扰行为是他人土地使用和享有利益受到侵犯的法律原因，并且（1）该侵扰行为是故意且不合理的，或者（2）是过失但因粗心大意（鲁莽）或者属于超常危险从而具备可诉性。

---

① 刘波：《英美法妨害与德国法不可量物侵害比较与借鉴——兼评〈物权法〉第 89 条和第 90 条》，载《广西政法管理干部学院学报》2012 年第 3 期。

② See John G. ,*Sprankling Understanding Property Law*, p. 486.

③ 崔世君：《论美国法私益妨害的构成》，载《法制与经济》2008 年第 12 期。

④ Sandra H. Johnson, *Property Law* : *Cases*, *Materials*, *and Problems*, p. 770 – 771.

2. 不合理侵扰(unreasonable interference)。不合理侵扰是私益侵害责任成立的核心要件,因为在一个典型的私益妨害案件中,其他构成要件往往很容易确立,案件的结果常常取决于不合理侵扰是否存在。

3. 实质性妨害。法律不关注微小的不便,因此在原告提起私益妨害诉讼之前,必须要有一个对原告土地使用和享有利益的真实且明显的侵扰。当土地的使用遭受侵扰而发生物质性损害时,没有人会怀疑这会构成私益妨害。

4. 妨害针对他人使用土地和享有土地的利益。这个要件涉及两个方面问题,即其一,谁有资格提起私益妨害诉讼。其二,私益妨害制度保护利益的范围。关于哪些人具备原告资格,《美国侵权法第二次重述》第821(E)条列举了三项。其中(1)项是土地占有者,不仅包括占有性的不限嗣继承地产权所有人以及其他任何占有性地产的所有人,也可适用于时效占有者、同住的家属等合法占有土地的人。(2)项是地役权和获益权拥有者,但必须在基于地役权和获益权的特定土地使用和享有利益受到妨害时方可提起私益妨害诉讼。(3)项是一些非占有性地产权人,主要指与土地未来使用和享有有关的非占有性地产的所有人。①

(三)救济方式

“美国现代妨害法出现了两者相互融合的发展趋势,即尽量抛弃传统的‘不同类型损害’原则,不论公共妨害或私人妨害,均允许受害的个人提起法律诉讼,从而有利于扩大妨害法在环境保护领域特别是环境侵害排除方面的运用范围。”②“美国主要通过两种方式为受

---

① 参见崔世君:《论美国法私益妨害的构成》,载《法制与经济》2008年第12期。

② 王曦:《美国环境法概论》,武汉大学出版社1992年版,第124~126页。

害人提供救济：(1)依据普通法向普通法院请求损害赔偿；(2)依据衡平法向衡平法院请求发布禁令，也就是排除侵害。其禁令有中间性禁令和永久性禁令之分。"①"发布永久性禁令的判断标准非常复杂和严格，且须以妨害具有继续性、反复性和不可恢复性为前提。鉴于永久性禁令不能够保护受害人利益，造出了'部分排除侵害'的救济制度，即把侵害行为限制在特定的场所、特定时间或进行数量限制。此外，美国还出现了'代替排除侵害的赔偿'，即用金钱来代替排除侵害，以金钱赔偿的方式换取受害人对侵权行为的容忍。"②

第三节　两大法系环境相邻权的比较分析及启示

一、理论研究的比较分析及启示

(一)德国的启示

德国的不可量物侵害制度对我国的环境相邻权制度构建与完善有如下几点启示：

第一，德国不可量物侵害制度规定得较为严密，理论上的严密性和自洽性是对我国建立环境相邻权制度的最大启示。德国的不可量物侵害规定三个层次中的第一个层次即因获得许可的营业活动所产生的不可量物的侵害制度，即所谓营业活动不可量物侵害制度，是一个公法制度，主要用公法《联邦大气污染防治法》(其前身是1896年的《德国营业法》)调控，其中涉及对不可量物侵害中受害人的救济。这一规定突破了私法上环境相邻权的保护限制对公法上的环境污染

---

① 杨娟：《不可量物侵权法律制度研究》，西南财经大学2005年硕士学位论文，第21页。

② 叶明、吴太轩：《论环境侵权救济中的排除侵害制度——兼谈利益衡平原则的适用》，载《广西政法干部学院管理学报》2002年第1期。

防治内容作了相关规定,使得不可量物侵害制度在私法上和公法上得到了无缝衔接,有利于真正保护环境权益。

第二,“德国有关解决相邻环境纠纷的法律制度日趋成熟,立法和实务大多从保护环境这一广阔的视角来考量和把握相邻关系。噪音、空气污染、震动的防止及日照权等,相继演绎为相邻关系中的重要内容。”①这种规定是对私法所有权保护和限制的理论突破,使每个自然人的环境私益保护紧密连接为公众的环境公益保护,更符合当代可持续发展的环境保护理念,也符合代际公平的环境正义理念,使源于民法私权利私益保护的制度上升为社会法公益保护高度,为社会公众的环境权实现提供了最为基础的民法权利保障基础。

第三,德国相邻关系法律制度在《德国民法典》上的规定所具有的特点,为我国《民法典》规定环境相邻权或相邻关系制度提供了理论借鉴。《德国民法典》具有的特点为:(1)体例设置上,1896年《德国民法典》中的相邻关系制度已经与《法国民法典》完全不同,其与地役权制度完全分离,被设置在所有权之中,作为所有权的重要组成部分。相邻关系与地役权至此完全得到区分。(2)将相邻关系归结为所有权的内容构造,属于所有权的保护或限制。(3)在相邻关系立法中明确提出不动产相邻人的容忍义务,以容忍义务作为相邻关系规则的基础,《德国民法典》第1004条明确提出了所有权人的容忍义务。(4)在立法上明确规定了不可量物侵害,并通过立法修改扩展该条的适用范围。(5)对土地与建筑物之关系的立法处理上,确立了两者可以分离的独立主物的关系,这也为不动产相邻关系的细分提供了基础。②

---

① 罗瑞玲:《建筑物相邻关系研究》,山东大学2004年硕士学位论文。

② 参见韩光明:《不动产相邻关系规则分析》,中国政法大学2006年博士学位论文,第61页。

(二)法国的启示

法国的近邻妨害制度对我国的环境相邻权制度构建与完善有如下几点启示:

第一,法国近邻妨害制度为世界各国处理环境相邻的纠纷提供了另一种解决问题的范式,其制度源于古罗马的役权制度,从地役权角度规定了近邻妨害制度,不严格区分相邻权与地役权。在司法实践中也能很好地处理法律纠纷和矛盾,这本身就是重大的理论启示。我国现代民法研究上,学者十分重视理论分类和归属,重视私法和公法的理论界限的划分,重视运用理论分类来进行法学理论的梳理,但也会导致理论的冲突和研究的困境,研究中经常难以突破理论的藩篱,这方面应该向法国民法理论界学习。法学理论的研究源于法律实践,服务于法律实践,而不是本末倒置的为了理论的进步而创造法律实践的种种界限,造成法律纠纷解决的困境,人为的使简单的法律事实和法律纠纷抽象化、术语化。应该向法国民法理论界这样在实践中检验理论的自洽性和可行性,只要能满足法律实践的要求,可以使法学理论简单化、概念模糊化、易于被常人所理解。

第二,法国近邻妨害制度规定了这种妨害分为民事妨害和行政方面的妨害,也因此规定了民事裁判所和行政裁判所对近邻妨害制度的裁判规定。尤其是在行政方面的规定,使得近邻妨害制度对公权力的侵害的处理和防范,同时也为民法上的近邻妨害制度规定和行政法上的近邻妨害制度规定作好了制度上的衔接。为私法和公法上这一权益的保护的衔接作了规定,也为民法和环境法上环境权益的保护衔接进行了规定。

第三,不动产使用时间和受害人感受的规定为权利边界的确定提供了理论范式。一方面,关于不动产的使用时间的规定。要求受害人与加害人之间在住所上具有时间上的先后关系。若受害人先于加害人成为土地的所有人,则承认受害人享有先住权,这种情况下通常认定加害人有过错,加害者应对受害人的损失承担责任;反之,若受害人后于加害人成为土地的所有人,则对这一权利不加以保护。这反映出了自由与权利边界的问题,不能因保护一方的自由而令他方不自由。权利亦存在先来后到之逻辑,即为它符合古老的财产法法则——使用在先权利优先原则。另一方面,关于受害人的个人感受的规定。这一规定是对受害人感受作了一般程度上的限制,即要求受害人存在一定的忍受限度。因为没有忍受范围的环境权益在当今社会不存在,法律规定亦不现实。例如,在当今社会呼吸纯净的不受一丝污染的空气的要求,即是超出了一般忍受范围。因为这种空气在人们的生活环境中根本不存在或难以找寻。所以对忍受限度的考虑,需要对被害方的感受正常与否进行判断。若受害人的感受属正常人的感受,则加害人不能免除责任;反之,若受害人的感受不属于正常人的感受,则加害人不承担相应的责任。这两种规定为环境相邻权的权利界限的确定提供了依据,为环境相邻权的权利自由提供了边界。

(三)日本的启示

日本在环境保护方面与环境相邻权保护制度相类似的法律规定是公害补偿制度和生活妨害制度。这两种制度均有其可借鉴之处。

第一,公害补偿制度为快速的环境污染救济提供保障。日本在处理环境污染公害案件时,先确定谁是污染者,继而确定其赔偿责任。当污染者难以确定、污染受害者人数众多和污染者不能足额赔付或无法赔付赔偿金额时,启动公害补偿制度。而且公害补偿是由政府筹集的资金,在受害者通过其他救济方式无法弥补自身损害时,由基金予以补偿的方式。这种方式可以最大限度地及时赔付受害者所受到的损失,平复受害者的感情伤痛、及时支付医疗费用和生活费用,有利于社会快速平复污染风波,保障社会正常运转。这一制度是从公法上建立的社会保障制度,属于社会保障法法域,且在环境风险保险没有普及的情况下,最大限度地保障受害者的权益,维护社会的稳定。这一从公法角度规定的制度值得借鉴。

第二,日本生活妨害制度不明确区分公害与私害。这是因为日本的环境法制发展过程伴随沉痛的污染和公害频发的过程。震惊世界的八大环境公害事件有四件发生在日本。日本群众对环境公害深恶痛绝,为了最大限度地保护人民的环境权益,保护环境,人们不严格区分公害与私害,很多私害也比照公害事件处理。这体现出日本环境法律体系的完善和环境法律制度的严格要求,是值得我们借鉴之处,即比较好地引入公法的严格规定,对私法领域的环境污染引起的民事纠纷更多地运用环境法律的详细规定确认其违法在先,更加有利于相邻关系的权利人处理环境污染纠纷,保护合法权益。

第三,忍受限度论的规定,明确权利边界。忍受限度论,其目的是通过确定一个忍受的标准以用于判断加害方是否违法。侵害如逾越社会一般人的忍受程度,即属违法;反之,受害人则负有容忍义务,即阻却违法性的成立,不构成违法。忍受限度论的本质是利益衡量在相邻关系及环境污染侵权纠纷中的具体应用。这种衡量为生活妨害制度的确立和具体权利的保护提供了制度保护的合法限度和权利的边界。这种规定可以辅助判断是否构成侵害权利人的合法权益,同时节约社会司法资源,对于轻微污染要求民众必须加以忍受,保证了社会的经济发展和正常发展。

(四)英美法系的启示

英国私人妨害和美国私益妨害制度规定得较为相似,下面将其启示一并分析。英国的私人妨害制度和美国的私益妨害制度对我国的环境相邻权制度构建与完善有如下几点启示:

第一,英国私人妨害制度和美国私益妨害制度是从实践角度出发,以司法判例为基础发展起来的相邻关系处理的法律制度。这些判例演绎出来的法律规定皆是从实践出发,解决实际问题。其法律理论也都是实践中诉讼各方利益博弈的平衡结果,其对公平和正义的追求也都是在实践中对双方利益充分考量的基础上推演而出的利益平衡。尤其是其对不合理侵扰和实质性侵害的规定更是只能从实证角度双方权利博弈才能归纳出来的法理标准。这种实证主义角度产生的法律制度,对具体问题处理会规定得较为细腻,内容较为具体,这也是因其判例法原因,每个司法判例都是其以往法律纠纷的成功解决,注重遵循先例,也就保证了法律适用上的实质性平等。

第二,关于实质干扰的规定较为合理。因为法律规定和司法判例不可能关系到社会每一个细微的环节,也没有必要关系到每一个微观环节,这样也会造成有限司法资源的浪费。因此必须是较为严重的损害或实质性的干扰才会引起法律的介入,这是为法律解决社会纠纷的前提。但如何判断是否严重到需要适用法律,在英美法律体系中并没有固定的标准,一般根据具体诉讼案件中的事实进行确定。例如,原告的身体受到伤害或财产遭受有形的损害,那么此种干扰是会被认定为实质性的。如果原告遭受的损害是使其遭受不便或难闻的气味、噪声等,那么只有群体中有正常敏感性(常人标准)的一员遭受严重烦扰的时候才会有实质的损害(因为英美法律中更强调法律的常人理性标准)。由此确立的判断个人的不适是否为重大损害的标准是该行为是否对该区域之普通人具有不合理的冒犯性。同时,是否构成实质干扰通常部分取决于相邻近地区的性质。这种规定就为什么情况属于对环境相邻权的侵害提供了司法判断的前提,为环境相邻权制度在我国的确立以及司法领域的运用提供了很重要的一项价值判断标准。

第三,“干扰的不合理性规定”规定得较为合理。在具体环境相邻权益妨害案件中,被告构成侵权的前提条件是被告干扰原告使用和享用土地权益行为是不合理的。这是行为具有违法性的前提。这意味着即使被告故意干涉原告的权利,只要此种干涉并非不合理,其就有权干涉。这也为环境相邻权的保护从权益保护的出发点找到依据,同时认定这种违法性也从权利保护的相反的方面提供了规定和界限。这为我国建立环境相邻权制度提供了具体的违法性判断标准,是为重要理论借鉴。

二、法律实践的比较分析及启示

各国有关环境相邻权相关法律和制度的规定的启示在法律实践领域总结起来,主要有以下几方面。

(一)环境相邻侵害内容广泛

大陆法系国家和英美法系国家对环境相邻侵权内容的规定都较为广泛。

德国不可量物侵害的具体制度内容的规定在法律实践意义上具有很大的启示作用。“不可量物的规定较为全面。不可量物侵害不仅包括了通常意义上的煤气、蒸汽、热气、臭气、烟气、宁静、灰屑、喧嚣、无线电波、光和振动等物质性侵害,还包括了观念性的侵害,如经营妓院、性用品商店等。无论是物质性的不可量物,还是观念性的不可量物,只要是构成对受害人的重大性妨害,则可能承担相应的责任。”①

在法国,法国“民法上的近邻妨害是指相邻土地的所有人或利用人之间发生的一种特殊意义的侵害状态,包括烟雾、音响、噪声、振

① 胡中华:《德国不可量物侵害责任制度的经验及对我国的借鉴》,载《中国地质大学学报(社会科学版)》2006 年第 5 期。

动、声、光、电、热、辐射、粉尘等不可量物侵入邻地所造成的干扰性侵害，对邻地日照、通风、电波的干扰以及因挖掘、排水等导致的邻人侵害等，与现代意义上的环境侵权现象颇为相似。'近邻妨害'属于相邻关系范畴，系基于土地在空间的相毗邻，且当事人以物权受害为基础请求救济"①，可以看出法国的近邻妨害制度内容也十分广泛。

"在美国，主要根据妨害行为影响的是个人权利还是公共权利，将其划分为公共妨害和私人妨害。所谓公共妨害，指某人的行为（作为或不作为）构成对公众的公共权利的行使的整体上的阻碍，或者对这种公共权利的实行在整体上带来不方便或损害；私人妨害，则可以界定为不合理且严重侵扰占有人使用和享有其土地或其土地利益的事情或行为。公共妨害与私人妨害的划分也并非绝对，大气污染、水污染、噪声污染等环境侵权往往因为同时影响所在地区不特定多数人的利益构成公共妨害，但也可能会影响某些特定人的特别权益而构成私人妨害。这类侵害又被称为'混合妨害'。"②这也是从另一角度对环境相邻权侵害规定得较为广泛的体现。

（二）环境相邻权侵权的责任认定需要具体的利益衡量

德国不可量物制度规定，"不可量物侵害责任的成立依据利益衡量加以确定。不可量物侵害责任并非只要构成对受害人的重大性妨害即可成立，必须对加害人的利益与受害人的利益进行利益衡量，只有当加害人的行为所带来的收益远远小于其所给受害人造成的损害时，加害人的行为才应该受到惩罚，才会成立不可量物侵害责任"③。

---

① 王明远：《法国环境侵权救济法研究》，载《清华大学学报（哲学社会科学版）》2000年第1期。

② 刘海鸥：《美国环境侵权领域中的妨害法》，载《全国外国法制史研究会学术丛书——英法美系及其对中国的影响》，法律出版社2009年版。

③ 胡中华：《德国不可量物侵害责任制度的经验及对我国的借鉴》，载《中国地质大学学报（社会科学版）》2006年第5期。

“科斯以妨害问题为例,对法律制度进行了经典的经济分析。科斯将问题归结为‘对他人产生有害影响的那些工商业企业的行为’。他认为,妨害问题具有‘相互性’:以互相冲突的方式使用土地的双方都引起了损害;避免对其中一方的损害将会使另一方受到损害。所以必须决定的真正问题是:允许谁损害谁,即权利的初始配置问题。从经济学的角度说,‘关键在于避免更严重的损害’,即如何使资源配置的效率最大化。”[①]“在妨害制度领域,美国法官在审理案件时往往自发地或自觉地应用科斯定理及其推论来分析构成要件并选择救济方式。例如,在分析故意妨害的构成要件时,法官要权衡损害的严重程度与干扰行为的效用,以判断干扰行为是否合理。再如,在选择对受害人的救济方式时,法官要权衡不发禁止令将使原告继续受到的损害与发出禁止令可能对被告和公众所造成的损害。在很大程度上讲,这类价值权衡就是一种法律经济分析。其结果往往是,在对另一方做出相应补偿的情况下,将权利配置给能够以最高的价值使用资源的一方;或者将责任配置给能够以最低的成本避免损害的一方,以提高经济效率并降低交易成本。”[②]这都体现出了在具体的环境相邻权纠纷中具体利益的考量因素。

（三）无过错严格责任的确立

德国法对不可量物侵害责任的构成要件规定“无须证明加害人有过错。不可称量物质的近邻妨碍关系不考虑加害人的主观是否有过错。在不可量物侵害责任制度中,只要受害人受到重大性、实质性影响,加害人就应按照物权法规范承担责任”。“在德国法中,构成不可量物侵害的实质要件只有一个:受害人没有‘容忍义务’。”所以主

---

① 苗壮:《美国财产法妨害制度的经济分析》,载《环球法律评论》2006 年第 1 期。
② 苗壮:《美国财产法妨害制度的经济分析》,载《环球法律评论》2006 年第 1 期。

观上不要求加害人有过错,其实际上执行的是无过错责任的严格责任。“日本公害无过失责任损害赔偿立法的完备,是日本公害民事救济理论,乃至整个危险责任立法上的一大特色。”①日本公害应对上也都实行无过错责任原则,这也是近年来日本环境立法的日益进步的突出表现。

(四)侵权损害救济偿付方式多样

德国“不可量物侵害责任的救济方式多样。受害人受到了重大性妨害,应该获得保护,但为了维护加害人相应的从事经营的自由权,法律并没有马上授予受害人的请求禁止加害人进行经营的权利,而是区分不同的情形给予不同的请求权。这样避免了救济方式的单一所可能造成的对加害人权利的侵害,在给予受害人权利救济之余对社会经济活动带来过度的限制”②。

法国“作为近邻妨害的侵权行为,其责任形式包括恢复原状和金钱赔偿(损害赔偿)两种。而恢复原状的具体方式,又包括由法官依法向近邻妨害的加害人发布改善命令和禁止命令。其中所谓改善命令,是指为了防止环境侵害而命令加害人采取必要的措施,如命令加害人在机器上安装噪声防治装置,在锅炉上安装完全燃烧装置等。对于以改善命令仍不能防治的正在继续发生的环境损害或将来有发生严重环境损害之虞者,法官应命令停止该加害活动的全部或一部分,此即发布禁止命令”③。

美国普通法上对损害赔偿规定为:“普通法上损害赔偿的类型,

---

① 曹明德:《日本环境侵权法的发展》,载《现代法学》2001 年第 3 期。

② 胡中华:《德国不可量物侵害责任制度的经验及对我国的借鉴》,载《中国地质大学学报(社会科学版)》2006 年第 5 期。

③ 王明远:《法国环境侵权救济法研究》,载《清华大学学报(哲学社会科学版)》2000 年第 1 期。

通常包括以下四种：(1)仅有一次性的损害，或者损害虽有继续性或反复性，但容易期待被告预防或排除侵害者，仅能就既生的损害请求赔偿。(2)损害具有继续性或反复性，且容易期待被告预防或排除损害，又已经提起损害赔偿之诉，但被告并不采取预防或排除损害的措施，致使损害继续或反复发生者，就其后发生的损害，受害人得以新诉请求发布禁令或损害赔偿。(3)损害具有继续性、反复性，而又不易期待被告预防或排除侵害者，对于将来的损害，得请求禁止命令；对于过去的损害，得请求损害赔偿。(4)损害虽有继续性、反复性，但依据衡平法上永久的妨害(Permanent Nuisance)法理，得以一诉就过去的损害和将来的损害合并请求损害赔偿。"①这些规定均较为具体、细腻，有利于具体司法实践中不同情况的区别对待和不同诉讼情况的问题具体解决。

（五）民法规范与环境法规范相互衔接

德国"民法规定与环境保护法规定相互照应。加害人对受害人的土地所进行的侵扰是否重大取决于每一个案件的事实，对于案件事实的判断在民法典实施的早期主要由法官依据社会的一般观念进行实质性的审查，这样容易造成法官的恣意审判。由于不可量物侵害是一种随着社会发展而日趋增多的侵害行为，且行为本身具有适法性，因此平衡双方利益是不可量物侵害制度中的核心"②。

法国的近邻妨害制度是由民事法律和行政法律所规定的，而行政法律中多是以环境保护的行政法律进行的规定，也体现出民法规范与环境法规范相衔接的特点。如前所述，日本不是十分明确地区

---

① 王明远：《美国妨害法在环境侵权救济中的运用和发展》，载《政法论坛》2003年第5期。

② 胡中华：《德国不可量物侵害责任制度的经验及对我国的借鉴》，载《中国地质大学学报(社会科学版)》2006年第5期。

分环境私害和环境公害，那么在法律适用上势必会既有环境保护防治公害的规定亦有民法对自然人合法私权权益的保护规定，在具体法律适用领域中体现了民法规范和环境法规范的衔接。这对我国确立和完善环境保护相邻权制度提供了有益的借鉴和启示，应该在环境法和民法两个部门法中进行共同性和共通性的规定，以确保环境相邻权法律制度的具体运行。

本章小结

本章分析了域外环境相邻权的相关理论一并对相关法律规定进行了梳理和分析，本章是本书的较为关键章节，在对域外国家和地区的环境相邻权理论和具体法律规定分析的基础上提出了我国环境相邻权法律制度确立和完善的启示和建议。

第一节对大陆法系比较有代表性的国家和地区进行了环境相邻权法学理论和法律条文规定的考察。具体考察了德国的不可量物侵害制度、法国近邻妨害制度、日本的公害补偿和生活妨害制度，重点阐述了德国、法国和日本的具体理论内容和法律规定，遵循概念和基本理论、法律构成、救济方式的研究路径分析其制度产生的原因、过程、具体内容、法律构成要件、救济和补偿方式等相关内容，为后续研究得出理论和实践的借鉴结果提供依据。

第二节分析了英美法系的环境相邻权相关的法学理论和法律实践规定的内容。分析了英国的私人妨害制度、美国的私益妨害制度。本节也是遵循概念和基本理论、法律构成、救济方式的研究路径，通过对上述问题的分析，为第三节析出借鉴结论奠定基础。

第三节对两大法系环境相邻权的相关理论和法律条文的规定进行分析并得出借鉴结论，为我国环境相邻权法律制度的确立和完善提供启示。本节分为两部分进行。

第一部分是理论研究的启示:

首先,阐述了德国的启示。第一,德国不可量物侵害制度的规定较为严密;第二,德国立法和实务大多从保护环境这一广阔的视角来考量和把握相邻关系;第三,德国相邻关系法律制度在《德国民法典》上的规定所具有的突出的特点,为我国制定民法典规定环境相邻权或相邻关系制度提供了理论借鉴。

其次,分析了法国的启示。第一,法国近邻妨害制度为世界各国处理环境相邻的纠纷提供了另一种新的解决问题的范式。第二,法国近邻妨害制度分为民事妨害和行政方面的妨害。第三,不动产使用时间和受害人感受的规定为权利边界的确定提供了理论范式。

再次,阐释了日本的启示。第一,公害补偿制度为快速的环境污染救济提供保障。第二,日本生活妨害制度不明确区分公害与私害。第三,忍受限度论的规定,明确权利边界。

最后,分析了英美法系的启示。第一,英国私人妨害制度和美国私益妨害制度是从实践角度出发,以司法判例为基础发展起来的相邻关系处理的法律制度。第二,关于实质干扰的规定较为合理。第三,"干扰的不合理性规定"较为合理。

第二部分是法律实践方面启示:

各国有关环境相邻权相关法律和制度规定的启示在法律实践领域总结起来,主要有以下几方面:环境相邻侵害内容十分广泛;环境相邻权侵权的责任认定需要具体地利益衡量;应该确立无过错严格责任的归责原则;侵权损害救济偿付方式具有多样性;民法规范与环境法规范相互衔接有利于环境相邻权的司法保护。

第五章　公私法比较视角下的相邻权、环境权与环境相邻权

第一节　公法角度下相邻权分析

近年来，随着环境相邻权问题研究的深入，更换研究视角进行相关问题研究，往往会带来不同研究效果和研究结果。相邻权一直以来被认为是一项私法性权利，因此大家也都自觉地从私法角度出发，以《民法典》为依据，从民事私法理论展开其论述和研究，但是如果从公法角度进行研究会发现，相邻权也有一定的公法研究价值。

一、公法角度相邻权研究的价值

“公法相邻权”这一概念最初由金启洲在《德国公法相邻关系制度初论》一文中使用。该文指出：诸如德国立法上“关于建筑区域、建筑方式、面积、高度、建筑间距等规定”虽然是为了实现环保、防险及市容美观等公法利益，但同样会对与建筑物毗邻的邻人利益产生影响，这些规定也因此必须考虑邻人利益。这种包含有邻人保护意旨的公法规范，就成为与私法相邻关系法相对应的“公法相邻关系法”，而邻人据此享有的权利即为“公法相邻权”。①

---

① 参见金启洲：《德国公法相邻关系制度初论》，载《环球法律评论》2006 年第 1 期。转引自赵宏：《规划许可诉讼中邻人保护的权利基础与审查构造》，载《法学研究》2022 年第 3 期。

对这一概念的深入分析可以得出相邻权不仅仅是纯粹私法概念,现阶段已经延伸到公法领域。2019 年国务院《政府工作报告》明确指出:支持在老旧小区加装电梯。随后全国已经有几十个城市都出台了相关由政府补贴加装电梯的文件并建立了相应的工作制度,使加装电梯的工作在全国迅速展开。但是,根据我国《城乡规划法》第 40 条"在城市、镇规划区内进行建筑物、构筑物、道路、管线和其他工程建设的,建设单位或者个人应当向城市、县人民政府城乡规划主管部门或者省、自治区、直辖市人民政府确定的镇人民政府申请办理建设工程规划许可证。申请办理建设工程规划许可证,应当提交使用土地的有关证明文件、建设工程设计方案等材料……"的规定,加装电梯必须经过规划主管部门许可,且因为加装电梯需要占用小区公共用地,造成低层业主采光、通风影响,以及可能影响其他业主的利益,诸如噪声、出行等方面,容易引发业主之间的矛盾,发生基于相邻的权利冲突。也就是说,批准加装电梯的决定意味着对原住宅小区规划许可的变更,意味着对原来的利益平衡状态的再次调整。按照《民法典》第 278 条"下列事项由业主共同决定……(七)改建、重建建筑物及其附属设施……业主共同决定事项,应当由专有部分面积占比三分之二以上的业主且人数占比三分之二以上的业主参与表决。决定前款第六项至第八项规定的事项,应当经参与表决专有部分面积四分之三以上的业主且参与表决人数四分之三以上的业主同意……"的规定,是否本栋本单元 3/4 以上的业主以及建筑面积占 3/4以上的多数业主同意加装电梯,规划部门就可以批准?而不需要考虑另外 1/4 业主,尤其是低层业主的诉求,其因此受到遮光、影响通风、不便出行等方面的损害利益是否应该获得补偿?还是说,应当获得本单元、本栋楼、本小区全部业主的同意,规划部门才能作出批准决定?也就是说,随着公权力的加入,使得原本的权利处分发生了变化，原本的业主既得利益受到了重新分配，而这一切都是符合《城乡规划法》《民法典》的，所以也就产生了公法相邻权。

类似的权利纷争和社会司法实践在我国多地已经出现。现阶段很多城市在老小区加装室外电梯的过程中，就出现了多起相邻纠纷，部分低层业主表示安装电梯影响其采光权。“某老旧小区业主打算加装电梯。经业主讨论后，同意安装电梯的业主占比和其所有的专有部分占建筑物总面积的比例均达到法律规定的要求。根据该小区业主的申请，有关部门于2020年10月22日对该小区加装电梯进行了批前公示并按照相关要求办理了《建设工程规划许可证》。2021年6月，该小区加装的电梯安装完毕并投入使用。2单元102号房的业主方某某、黄某某以建设电梯未有效公示，建设电梯造成其住宅的通风、采光、日照、隐私等权利受到侵害为由，向人民法院起诉请求判令周某、陈某某等业主停止使用电梯、拆除电梯设施、恢复原状，并向其赔偿损失10万元。人民法院认为，案涉电梯的加装符合法律规定的程序。基于现场查看情况，案涉电梯与2单元房屋之间留有足够的距离，对该单元业主的通行并没有造成妨碍，电梯对2单元房屋的采光和通风并没有造成妨碍，电梯运行也未产生明显噪音。老旧小区加装电梯涉及广大群众的出行方便，关系到社会的和谐稳定。即便加装电梯确实给低层住户的居住环境带来一定的变化，但在整体上不妨碍采光、通行、通风等相应权利的情况下，低层住户也应负有一定的容忍义务。最终，法院判决驳回方某某、黄某某的全部诉讼请求。”①

上述案例是在现实生活中普遍存在的，笔者只是找取了其中一

---

① 佚名：《加装电梯引发纠纷　邻里负有容忍义务》，载《法制文萃报》2022年7月7日，第8版。

个比较有代表性的案例。老房子加装电梯实际上除了采光、通风以外还可能存在噪声污染的问题。老房子在当初设计时并没有考虑安装电梯,因此和带电梯的新房子建筑结构不同,新房子为了安装电梯有隔音设计,新房的电梯运行噪声对于室内影响不大。老房子本身没有电梯设计,又没有采用隔音材料,因此电梯产生的噪声会毫无阻隔地进入室内,不管是高楼层业主还是低楼层业主,都会受到噪声的影响。

此外,老房子装电梯会影响房子原本的受力和结构,因此加装电梯存在一定的风险性。按照房子原本的设计,墙体在原本的受力条件下能够维持整栋房子的稳定性,但是加装电梯之后,电梯会对墙面有一定的张力,而电梯产生的张力是当初建设房子时没有考虑的,因此在受力方面会存在一定的不确定性。加装电梯会影响墙面结构,电梯和墙面连接起来需要打孔,打孔势必会影响墙面本身的建筑结构和力量分布,墙面结构改变后增加了结构的不稳定性,甚至对老房子的寿命也会有一定的影响。在后续的实际运行中,还会遇到电梯运行费用、电梯维修、更换费用分摊等一系列问题。因此基于公法角度的相邻权研究很有社会实践价值。

二、公法角度相邻权的相关规定

2000 年最高人民法院《关于执行〈中华人民共和国行政诉讼法〉若干问题的解释》(已失效)第 13 条第 2 项“与被诉的行政复议决定有法律上利害关系或者在复议程序中被追加为第三人的”规定,明确规定了相邻不动产权利人可以提起行政诉讼。2017 年修正的《行政诉讼法》第 25 条第 1、2 款规定:“行政行为的相对人以及其他与行政行为有利害关系的公民、法人或者其他组织,有权提起诉讼。有权提起诉讼的公民死亡,其近亲属可以提起诉讼。”用“与行政行为有利害关系”作为是否具有行政诉讼原告资格的判断标准,所以说这里的原告既可以是行政行为相对人,也可以是行政行为相关人。因而,当相邻不动产权利人受到行政行为侵害时,其就成为与行政行为有关的相关人,也就获得了提起行政诉讼成为原告的资格,受到法律保护。还有在一些具体的行政程序中,诸如听证制度、行政参与权等制度中都规定了利害关系人享有诉权,而相邻不动产权利人作为利害关系人的一种也间接受到保护,获得了诉权。

除了行政诉讼中的相关公法规定以外,我国直接涉及相邻权人利益的公法主要有《行政许可法》《环境保护法》《建筑法》等。例如,《行政许可法》第12条规定:"下列事项可以设定行政许可:(一)直接涉及国家安全、公共安全、经济宏观调控、生态环境保护以及直接关系人身健康、生命财产安全等特定活动,需要按照法定条件予以批准的事项;(二)有限自然资源开发利用、公共资源配置以及直接关系公共利益的特定行业的市场准入等,需要赋予特定权利的事项;(三)提供公众服务并且直接关系公共利益的职业、行业,需要确定具备特殊信誉、特殊条件或者特殊技能等资格、资质的事项;(四)直接关系公共安全、人身健康、生命财产安全的重要设备、设施、产品、物品,需要按照技术标准、技术规范,通过检验、检测、检疫等方式进行审定的事项;(五)企业或者其他组织的设立等,需要确定主体资格的事项;(六)法律、行政法规规定可以设定行政许可的其他事项。"其中第1、2、4项等均直接涉及生态环境保护、有限自然资源、公共资源配置、人身健康、生命财产安全等事项需要经过审批。

《环境保护法》第14条规定:"国务院有关部门和省、自治区、直辖市人民政府组织制定经济、技术政策,应当充分考虑对环境的影响,听取有关方面和专家的意见。"第53条规定:"公民、法人和其他组织依法享有获取环境信息、参与和监督环境保护的权利。各级人民政府环境保护主管部门和其他负有环境保护监督管理职责的部门，应当依法公开环境信息、完善公众参与程序，为公民、法人和其他组织参与和监督环境保护提供便利。”

《建筑法》第5条规定：“从事建筑活动应当遵守法律、法规，不得损害社会公共利益和他人的合法权益。任何单位和个人都不得妨碍和阻挠依法进行的建筑活动。”第41条规定：“建筑施工企业应当遵守有关环境保护和安全生产的法律、法规的规定，采取控制和处理施工现场的各种粉尘、废气、废水、固体废物以及噪声、振动对环境的污染和危害的措施。”

综上所述，我国关于相邻权公法上的规定还比较模糊，仅是规定了被诉行政复议侵害了利害关系人的合法权益的相邻权可以进行诉讼，具有诉权，《行政许可法》《环境保护法》《建筑法》等也都是从大概的角度进行了规定，并没有具体列出哪些行为属于侵害利害关系的合法相邻权，没有从正面规定相关权利内容，更没有保护相邻权人利益的法律制度和法律程序。也就是说，公法相邻权的保护仅仅是在立法层面上推定保护。

第二节　公私法比较视角下的环境权、环境相邻权分析

环境权到底是公法性权利还是私法性权利一直以来都有纷争，因此从不同角度深入分析不同学者对于环境权权利属性的判断，从最有利于权利保护和权利落地的角度，然后作出合理性判断就很有研究价值。

一、公法视角下的环境权分析

20世纪中叶以后，环境问题全球性、突发性的特点呈现在世人面前，环境保护的呼声日益高涨，在此背景下环境权应运而生。1969年美国制定的《国家环境政策法》中对环境权进行了规定；日本最早是

在《东京都防止公害条例》中引入了环境权这一概念。1972 年 6 月在瑞典首都斯德哥尔摩召开了人类历史上第一次环境保护工作会议,会议通过的《人类环境宣言》将人类环境划分为天然环境和人为环境两类,并认为人类环境权利是基于人类幸福和人类应该享有的基本人权,甚至是本应享有的生存权利。因此,从环境权产生的背景和较发达国家的司法实践来看,环境权应该是公法性的权利。我国《环境保护法》第 1 条是该法的立法目的,其中规定环境法要保护和改善环境,防治污染和其他公害,保障公众健康,推进生态文明建设,促进经济社会可持续发展,这可以看作其暗含环境权思想的体现。

笔者认为,环境权应该属于公法性权利,这是因为:第一,环境权应该归属于人权的内容之一,是人类基本生存权利,是人之为人的自得性权利,这部分权利不应该被让渡,也不应该通过经济补偿或者意思自治方式予以权利牺牲。第二,环境权是自然人才能享有的权利,法人不可以享有环境权。这种权利主体的归属性更加明确地确认了环境权的公法性权利属性。因为法人在私法领域可以享有财产权利是约定俗成的,而环境权必须落到个体即自然人身上才有意义,不能空泛地谈论集体的环境权利。第三,环境权是一项宪法性权利,这在很多西方发达国家的宪法中已经被确认。如果它是宪法性权利,就不应该更偏向于私法领域,就应该是公法性权利。

二、私法角度下的环境权分析

然而有很多学者认为环境权即指环境权益,即人们有享有呼吸清洁空气的权利,有喝清洁水的权利。环境权益既是一种人身性权利,也是一项财产性权利。而且在现实生活中,环境权被侵犯后,权利主体会奋起反抗,通过民事法律手段维护自己的合法权益,其利益侵犯也是通过消除侵害、赔偿损失等民事赔偿方式予以平复，因此环境权更加具有私法权利的属性。尤其是环境权的财产性利益使得环境权的私法属性更加明显。因为私法领域更加尊重意思自治，更加偏向人身权利和财产权利的保护，以及在不违背法律和社会善良风俗下的最大限度的权利处分，这些都凸显了环境权某些私法属性。

我国《民法典》第990条规定："人格权是民事主体享有的生命权、身体权、健康权、姓名权、名称权、肖像权、名誉权、荣誉权、隐私权等权利。除前款规定的人格权外，自然人享有基于人身自由、人格尊严产生的其他人格权益。"这显然没有直接规定环境人格权。该条第2款规定除第1款规定的人格权外，自然人享有基于人身自由、人格尊严产生的其他人格权益，这一内容可以衍生出环境人格权的相关权益。"将良好环境权的目标、内容与人格权特别是一般人格权、健康权进行对比，可以发现其无可否认的人格权属性。就此角度观察，经由人格权法对环境权进行保护在理论上并无障碍。"①"环境人格权是指主体所固有的，以环境人格利益为客体的人格权。"②因此，环境权具有私法属性毫无问题，完全可以把公民环境权益的部分环境权写入《民法典》中，予以私法保护。

三、公私法比较视角下环境相邻权属性辨析

"环境相邻权制度的确立极具理论与现实意义。确立环境相邻权有利于实现环境相邻权有法可依，有利于环境保护法律体系完善，有利于解决环境诉讼难题，有利于促进环境民主的发展。"③环境相

---

① 刘长兴：《环境权保护的人格权法进路——兼论绿色原则在民法典人格权编的体现》，载《法学评论》2019年第3期。

② 李景义、刘翠翠：《环境人格权民法保护研究》，载《黑龙江省政法管理干部学院学报》2020年第3期。

③ 孙磊：《环境相邻权制度的确立路径与完善重点》，载《学术交流》2014年第5期。

邻权与相邻权相比突破了传统相邻权要求的不动产相互毗邻的权利产生前提，进一步扩大了“相邻”的范围，即如果因为排放污染物造成了污染，虽然不是相互毗邻，但由于污染物是物理上、空间上连贯的，就可以认为是环境相邻权中的“相邻”。环境相邻权与环境权相比，更加突出地显现出其私法属性的特点，即环境相邻权是典型的私法领域的权利，环境相邻权的权利源于民法物权属性的延伸，物权、人身权等基本民事权利是其主张环境相邻权利益的权利来源，也在一个侧面上说明了其私权属性。

“环境相邻权的相邻保护中对自然人因生活环境受到污染的保护是典型的私法性权利，大部分是与居住相关的生活环境便利权类权利，具体包括相邻生活宁静权、采光通风权、呼吸清洁空气权、饮用清洁水权等权利。”①环境相邻权是人们满足基本生活需要而必须享有的人权性的基本生存权利，是人们在环境中的本能利用行为的基本需要，只有满足了上述的基本需要才能安居乐业。当上述基本本能需要的环境权益遭受侵犯时，人们会自发地、积极地使用法律武器维护自身合法权利，所以这种权利的建构有利于真正做到社会环境利益的整体向好转变。也就是说，每个社会公民的环境权益都得到维护，整体社会环境问题也可以大体上得到解决。

目前我国《环境保护法》仅规定了对不法行为进行举报的权利。该法第 57 条规定：“公民、法人和其他组织发现任何单位和个人有污染环境和破坏生态行为的，有权向环境保护主管部门或者其他负有环境保护监督管理职责的部门举报。公民、法人和其他组织发现地方各级人民政府、县级以上人民政府环境保护主管部门和其他负有环境保护监督管理职责的部门不依法履行职责的，有权向其上级机

① 孙磊：《环境相邻权基本问题新探》，载《学术论坛》2014 年第 4 期。

关或者监察机关举报。接受举报的机关应当对举报人的相关信息予以保密,保护举报人的合法权益。”这显然是不足的。确立环境相邻权将是对公民自身环境权益保护迈出的历史性的步伐,将是巨大进步。有利于公民切实保护自己的环境权益,是对传统相邻权和环境权的突破,且当前我国社会环境权的确立尚有很多困难,所以先期确立环境相邻权,在一定范围内先保护好人们急需保护的身边的切身利益显得尤为重要。这也是其权利确立的现实意义和社会迫切需要。环境相邻权与环境权放在公法和私法比较的视角下研究也十分重要,在比较研究下发现环境权的公权利属性明显,环境相邻权则更应该属于私法性权利。

本章小结

本章更换了研究视角,从公私法比较视角对相邻权、环境权与环境相邻权进行了探索性的研究。如前所述,人们更加习惯于从私法角度研究相邻权,从公法角度研究环境权。可是这种传统的研究视角已经无法解决现阶段在我国出现的社会司法实践纠纷,应该以更开阔的视角进行研究,以开拓理论视野,同时也更加容易解决社会司法实践中的新问题。

第一节从公法角度分析了相邻权,提出了公法角度相邻权研究的价值。因其在社会司法实践中已经广泛出现,并且很有研究价值,发现其在法律规定上比较欠缺,因此继而分析了第二个问题:公法角度相邻权的相关规定。对法律中现存的可能与相邻权有关的法律规定进行了研究和梳理,发现其仅仅是立法上的相关规定,并没有明确地点名式的“明文规定”。

第二节从公私法比较视角分析了环境权和环境相邻权。首先总结了公法为视角下环境权的分析,这是传统视角。其次对环境权进行私法角度下的分析,发现其很有研究价值和研究意义,也是为未来我国确立环境权或者说是环境人格权奠定理论基础。最后在公私法比较视角下辨析了环境相邻权属性,得出环境相邻权是典型的私法性权利,为全文的研究指明方向,为后续研究奠定基础,也为未来进一步展开研究留有研究空间。

第六章　环境相邻权制度确立和完善的具体设计

第一节　确立环境相邻权制度的必要性与可行性分析

一、确立环境相邻权制度的必要性

（一）确立环境相邻权实现其有法可依

目前我国环境污染防治方面的法律有《环境保护法》《大气污染防治法》《水污染防治法》《固体废物污染环境防治法》《噪声污染防治法》《放射性污染防治法》《海洋环境保护法》等。此外在环境民事诉讼过程中，援引最多的是《民法典》。但是在这些法律中没有关于环境相邻权的具体规定，只在《民法典》第293条规定，“建造建筑物，不得违反国家有关工程建设标准，不得妨碍相邻建筑物的通风、采光和日照”；第294条规定，“不动产权利人不得违反国家规定弃置固体废物，排放大气污染物、水污染物、土壤污染物、噪声、光辐射、电磁辐射等有害物质”。第294条实际上是关于所谓“不可量物”的侵害所引发的相邻关系的规定，而不可量物侵害亦是法学理论上的术语。因此说我国法律体系中引入了环境保护相邻权的概念，再有因此引发环境纠纷的案件也有法可依。笔者认为，这两条规定实际上是我国环境相邻权的法律依据，只是目前没有被理论界和司法部门所认可，后续可以通过民事法律体系的完善加以确立，实现环境相邻权保护有法可依，有利于人民群众环境权益的保护，构建更加和谐、安定的社会主义和谐社会。

（二）完善环境保护法律体系

目前我国环境保护法律体系中没有规定环境权。《环境保护法》第6条第1款规定："一切单位和个人都有保护环境的义务。"《大气污染防治法》第7条规定："企业事业单位和其他生产经营者应当采取有效措施，防止、减少大气污染，对所造成的损害依法承担责任。公民应当增强大气环境保护意识，采取低碳、节俭的生活方式，自觉履行大气环境保护义务。"《水污染防治法》第11条规定："任何单位和个人都有义务保护水环境，并有权对污染损害水环境的行为进行检举。县级以上人民政府及其有关主管部门对在水污染防治工作中做出显著成绩的单位和个人给予表彰和奖励。"《固体废物污染环境防治法》第31条第1款规定："任何单位和个人都有权对造成固体废物污染环境的单位和个人进行举报。"《水法》第6条规定："国家鼓励单位和个人依法开发、利用水资源，并保护其合法权益。开发、利用水资源的单位和个人有依法保护水资源的义务。"《土地管理法》第7条规定："任何单位和个人都有遵守土地管理法律、法规的义务，并有权对违反土地管理法律、法规的行为提出检举和控告。"上述环境法律的规定皆是从义务角度对公民环境保护的义务进行了规定。我国环境保护法律体系中鲜有从权利角度对公民的环境权和环境相邻权进行保护的规定。因此，在环境法律体系中规定环境相邻权，对等地规定环境保护的权利和义务，实现环境保护法律体系的完善。

（三）解决环境诉讼难题

环境诉讼是因环境利用和环境污染等引发的纠纷，目前环境诉讼纠纷无论是私益环境诉讼还是公益性的环境诉讼都存在一些困境难以解决：由于环境保护法律体系中对环境保护义务的规定远超过环境权益,导致公民提起环境诉讼往往无法可依,只能对身边的环境污染和破坏援引民法相邻关系保护的规定进行诉讼,效果可想而知,诉讼困难。环境公益诉讼更是诉讼艰难。“现行《环境保护法》自1989年正式施行至今,20多年未曾修改。2012年8月召开的第十一届全国人大常委会第二十八次会议对《环境保护法修正案(草案)》进行首次审议,并向社会公开征求意见。2013年6月,第十二届全国人大常委会第三次会议对修正案草案二次审议稿进行了审议,并将《环境保护法修正案(草案二次审议稿)》(简称《草案》)在中国人大网(www. npc. gov. cn)公布,向社会公开征集意见。在修订《环境保护法》时,意见分歧最大、争论最激烈的问题主要有四个:一是修法重点问题,即综合性的环境法律应该以规范政府环境行为为主,还是以规范单位和个人的环境行为为主;二是环境权问题,即是否在综合性的环境法律中确认‘一切单位和个人都有享用清洁、健康的环境的权利’;三是国家环境义务问题,即如何在综合性的环境法律中规定国家(政府)保护环境的义务(职责)或责任;四是环境公益诉讼问题,主要是如何明确提起环境公益诉讼的原告范围。”①看出环境公益诉讼问题已经被理论界十分关注,而从实践出发,“2015年以来,我国环境公益诉讼取得显著进步,专门的环境资源审判机构不断设立,审判机制不断完善;社会组织提起环境民事公益诉讼稳中有升,检察公益诉讼从试点到全面铺开;各地法院在四年间受理了2000多起环境公益诉讼案件,诉讼程序、裁判方式不断完善。但环境公益诉讼还存在案件质量待提高、检察公益诉讼程序需进一步明确、公益诉讼案件范围尚显模糊、赔偿专项资金管理不规范、法院自身定位错位、公众

① 蔡守秋:《从环境权到国家环境保护义务和环境公益诉讼》,载《现代法学》2013年第6期。

参与度不高等问题”①。从司法实践的数字中可见目前环境诉讼困难,环境公益诉讼艰难。因此,在《环境保护法》修订过程中,确立环境相邻权可以明确人民群众的环境保护权利,使环境诉讼有法可依,环境公益诉讼有法可依。

(四)促进环境民主的发展

环境保护相邻权的确立有利于增进环境民主的发展,促进环境保护相邻权权利主体权利救济积极性。因为《环境保护法》以往没有规定更多的公民环境保护方面的权利和权益,导致公民长期漠视自己权益的存在,在环境利用关系中往往处于忍受的地位。发展经济利用环境资源和对环境进行一定的排污,均会造成部分地区环境质量和功能的破坏或者影响,会导致不同环境利用关系行为人或利益人之间的冲突。以往的做法是因为环境利用人或利益人并不了解自己的权益,所以这种利益冲突的调节机制是,一方面,通过行政许可限制开发利用行为人对环境和资源的利用;另一方面,则要求公民对开发利用行为予以容忍。“只要排污行为或者开发利用行为不超过排放(控制)标准或者行政许可的限度和范围,行为的影响未对公民构成可测量(计量)、可预判和可证实的妨害或者潜在风险的威胁,公民就有义务在行政许可的限度内对排污行为或者开发行为予以忍受。”这就导致环境相邻权权利人由于没有法律的规定而漠视权利、默默忍受环境的污染和不公。如果环境法律体系对这一权利予以明确,环境相邻权利人知悉当环境利用者或环境污染者的行为超出了其合法利用的限度范围,造成超过常人忍受限度时就属于权力滥用的行为,其环境相邻权权利人可以依法提出消除危险和排除妨害的

① 王艳:《环境公益诉讼司法审判的省思与完善——基于2015—2018年统计数据的实证分析》,载《环境法评论》2020年第2期。

请求。这就直接促进了环境民主的发展,有利于我国环境保护法律体系的建设和环境保护司法实践的进一步完善。

二、建立环境相邻权制度的可行性分析

(一)民法预留理论与制度空间

民法相邻权的理论规定在解决环境纠纷时所表现的理论与现实困境,都为环境相邻权的确立提供了理论与制度存在的空间。

第一,相邻权本身之不足。相邻权的本质乃是不动产所有权或使用权的延伸或限制。而所有权,众所周知乃任意支配自己物的权利,于一定范围内可随意支配物,但当以自己物的范围为界,超出己之物即无所有权,更无役使、利用之权。即使依相邻权扩张说,此权利为己之所有权内容,己方不动产所有权中当然包括了对邻人不动产的利用支配权,所有权的外延已经逾出己之物而包含邻人的不动产。所有权扩张说的这种解释使确定的所有权概念发生混淆,所有权的保护范围也难以明确。所以导致所有权概念中包含了利用他人物的权利,这在逻辑上是不能成立的,理论上也是不严谨的。加之相邻权不是独立的物权种类,所以为环境相邻权的建构留下了独立的民法的理论空间。

第二,在环境保护领域,目前提起环境民事诉讼的法律依据除去环境法上的具体规定,在民法上当事人适用最多的即为物权法上的相邻关系的规定,而这里面又以《民法典》第294条不可量物侵害制度最为常用。《民法典》第294条规定:"不动产权利人不得违反国家规定弃置固体废物,排放大气污染物、水污染物、土壤污染物、噪声、光辐射、电磁辐射等有害物质。"该条实际上是关于不可量物侵害引发相邻关系的类型化规定。我国对某些特定类型的不可量物侵害尚无规定,而有些不可量物的侵入已经在客观上造成了巨大的损害达到了侵害的程度,超过一般人可以忍受的程度,而囿于《民法典》第

294 条的规定,不允许受害的相邻他方请求不可量物的制造者或控制者承担相应的责任,显然是不适当的。这也导致无法适用民事法律进行环境相邻权侵权的法律救济,为环境相邻权的独立存在提供了空间。

第三,相邻权对于环境保护来说自身保护范围过小,其只限于以不动产的相邻关系为前提的环境侵害。但环境侵害大多表现为污染物进入大气、海洋之中,从而给不相邻的远距离的地方带来损害,比如酸雨、海洋污染、核辐射等。倘若以相邻权作为救济依据,则十分牵强。同样,可以确立环境相邻权来加大对相邻范围的保护,解决实践中的司法难题,有利于当事人合法环境权益的保护。

(二)环境法预留理论与制度空间

环境法中环境相邻权研究的理论与现实困境也为环境相邻权制度的存在提供可生存和发展的理论制度空间,这主要是因为:

第一,环境权理论研究不足。我国环境权理论研究还不是十分成熟,关于环境权权利主体、环境权权利性质、环境权权利内容等基本问题上还存在着差异性,如环境权权利主体是否包括单位和国家,环境权的性质是公法权利还是私法权利抑或社会法权利,环境权的内容是否应该包括自然资源的开发利用行为、环境容量的利用行为、环境排污权等问题,使环境权难以具体化。权利界限的不明晰导致环境权在法律文件上的具体落实成为难题。在具体司法实践中大家也无法援引环境权理论进行价值判断的推理和演绎,造成环境权理论在具体环境污染法律实践中存在严重的不适应性。而在环境法律体系中明确规定环境权这一问题会因环境权是否应该入宪、是否属于人权等理论研究分歧长期耽搁下去,这就为我国先行确立环境相邻权制度提供了宝贵的契机。

第二,环境权法律规定的不足。《环境保护法》第 1 条规定:“为保护和改善环境,防治污染和其他公害,保障公众健康,推进生态文明建设,促进经济社会可持续发展,制定本法。"该条虽然明确表示要保护环境和人类健康,但没有明确规定环境权,但这不影响在《环境保护法》修订过程中,先期规定环境相邻权。因为环境相邻权的权利性质和制度内容更加明确具体,也能在环境保护法领域和民法领域发挥保护公民环境权益的功能。

第三,环境权与相邻关系衔接不紧密。环境权理论的研究与实践在环境法学被更多地限定在宪法层面或者公法、社会法层面,大部分学者提出建立环境权、环境权入宪等诉求,更多地强调环境权的公益性或共益性。鲜有学者从公民个人环境权益或环境私权入手进行研究,从公民身边的环境权益保护入手进行分析,分析环境权的私益性即私法领域研究不足。相邻关系或称相邻权是典型的私法上关于物权所有权的研究,不动产相邻关系各方本着物尽其用、公平合理、利益最大化等基本法律理念而对所有权进行了一定的限制,而环境污染民事纠纷中大多是因相邻而发生的。因此把环境权和相邻权结合起来,即创建私法上的环境相邻权意义重大,有利于环境权权利人充分享有良好环境权,保障自己合法权益。这都为环境相邻权的确立和完善提供了较为开阔的理论和制度生存空间,同时也弥补了法律体系的原有空隙,使环境保护法律体系更加完整和严密。

第二节　确立环境相邻权制度的原则

"法律的基础性真理或原理,为其他规则提供基础性或本源性的综合性规则或原理,是法律行为、法律程序、法律决定的决定性规则。"①"法律原则是法律的基础性真理、原理,或是为其他法律要素提供基础或本源的综合性原理或出发点。"②所以环境相邻权作为一项法律制度被确立,其背后亦有所反映的原则。

一、禁止权利滥用原则

"所谓权利滥用是指处于环保时代新型相邻关系中的一方主体行使自己的权利,超出应有的注意义务所要求的范围,从而侵害另一主体的环境权益的行为。权利滥用作为一种侵权行为,是为法律所禁止的。"③从各国民法典的规定来看,最早对不得权利滥用原则的规定是1900年《德国民法典》第226条"权利的行使不得专以加损害于他人为目的"。其后,大陆法系各国民法典都沿用了这一原则,1907年《瑞士民法典》第2条第2款更是明确地规定:"明显的权利滥用,不受法律保护。"《日本民法典》也将禁止权力滥用原则规定在总则的基本原则中。我国《宪法》第51条规定:"中华人民共和国公民在行使自由和权利的时候,不得损害国家的、社会的、集体的利益和其他公民的合法的自由和权利。""仅就相邻权来看,罗马私法创设相邻权的理论依据是凡行使权利者不得以侵害他人权利为条件,并对此作出了严格的法律规定。"④

如前所述,我国相邻关系的法律规定初衷是有利生产、方便生活、团结互助、公平合理。环境相邻权继承相邻权这一立法精神,当然可以公平合理的方式为了便利生活、方便生产而利用相邻环境。但这种权利必须是当事人存在并有权行使而且不被滥用的权利,即

---

① 张文显:《法理学》(第5版),高等教育出版社2018年版,第120页。

② 张文显:《法理学》(第5版),高等教育出版社2018年版,第120页。

③ 丁晨星:《论我国环境相邻权制度的建立和完善》,山东大学2009年硕士学位论文,第17页。

④ 谢邦宇主编:《罗马法》,北京大学出版社1992年版,第177页。

其不具有违法性,否则亦要受到法律的追究,与环境相邻权的制度设立初衷相悖。

禁止权力滥用本是民法基本原则,在环境相邻权制度中又一次被强调也是因相邻而产生的环境保护关系中,为了促进生产、方便生活,权利人必须要忍受一定范围内的环境污染和环境破坏,但必须以常人能够接受的范围为限,因此更加有必要对加害人的环境利用行为予以重新强调,即不可滥用权利,否则构成环境违法,造成环境侵权事件的发生。

二、利益平衡原则

"利益衡量是指两种利益相互冲突时,立法者按照怎样的标准怎样的价值来保护哪方的利益,如何确定当事人行为效果的方法。"[①]"尽管利益平衡原则已冲出相邻关系而适用于其他法律关系,但是相邻关系却是适用利益平衡原则的法律出发点。"[②]环境相邻关系中,权利人虽然要忍受一定的环境损害,但是这种忍受程度必须予以规定,而这种程度的限度即是利益衡量原则所要确定的范围。"利益衡量原则实质上是经济效率和社会公平正义之间的平衡。相邻关系的立法目的是发挥邻人对财产的使用价值,实现相邻不动产的最大价值。从权利人角度来看,体现了效率优先,从使邻人财产增加义务负担角度看,体现了财产的社会化利用思想。正是由于利益衡量原则这种调和性理论的广泛适用性,各国有关环境相邻纠纷的法律解决均通过立法和判例利用利益衡量原则,建立相互调和的制度。"[③]

"利益衡量的基本规则是进行利益对比,即通过比较权利人所得

---

① 古南正皓:《环境相邻关系制度研究》,西北农林科技大学 2011 年硕士学位论文,第 32 页。

② 郭洁:《土地资源与民事立法研究》,法律出版社 2002 年版,第 180 页。

③ 魏怡琴:《环境相邻关系制度研究》,湖南大学 2008 年硕士学位论文,第 31 页。

利益和所造成他人或社会利益的损害,判断权利的正当性。"[①]具体的比较:"如果权利行使或赋予,权利人所得较多而他人或社会所受损害较大,则权利为不正当。在对比过程中主要考虑以下因素:首先,考虑权利人是否具有正当的利益。例如,在相邻关系中,相邻权利人利用他人不动产所得利益须为必要。其次,考虑对邻人造成损害可否依经济补偿而得以恢复。一般地,对邻人的生命、健康、身体有危害,或对土地生态有危害的,侵害重大且将来有继续侵害的高度可能性,有造成金钱赔偿无法恢复原状的危险者,利益衡量原则均准许排除妨害,不承认相邻权利或其他合法妨害行为的存在。最后,对他人的损害是否超过了社会的容许限度。关于社会容许限度的判断,应当就具体情形依诚实信用原则对于利益冲突双方的关系进行比较。"[②]环境相邻权基于相邻权对最大利益的保护即要求其满足利益比较这一前提条件。

三、一般忍受限度原则

一般忍受限度是指按照常人所能接受的容忍限度,虽然有一定的环境污染和环境破坏的发生,但是法律却允许这种破坏和污染存在,否则社会生产和社会生活会因为权利人过于苛求或吹毛求疵而难以为继,这是为社会良好运行而设定的污染和破坏的容许最高限度。也就是说,环境相邻权利人存在一定的忍受义务。"忍受义务:一是有害物质未造成侵害或者造成的侵害是轻微的。相邻一方在生产和生活的时候,产生有害物质是难免的,又难免侵入他人的邻地,虽有碍卫生或扰人宁静,但如果没有造成侵害或者造成的侵害属于轻微的,那么邻人应该予以忍受。相邻关系重在互惠,如果一方吹毛

---

① 郭洁:《土地资源与民事立法研究》,法律出版社 2002 年版,第 180~181 页。

② 魏怡琴:《环境相邻关系制度研究》,湖南大学 2008 年硕士学位论文,第 30 页。

求疵，据理不让，他方也必然会借端寻衅，意图报复，结果彼此交恶，影响邻里和睦。所谓轻微，例如炊烟袅袅、歌韵悠悠等即是。二是不可量物造成的侵害是重大的，但此种侵害是由于在该地域进行通常的土地利用而引起的（具有土地利用的惯行性）且加害者对于其所造成的侵害不能采取经济上可得期待的防止措施，或者此种侵害按照当地习惯是被认为相当的。"[①]规定一定的忍受限度，其目的是通过确定一个忍受的标准以用于判断加害方是否违法。侵害如逾越社会一般人的忍受程度，即构成违法；反之，受害人则负有容忍义务，即阻却违法性的成立，不构成违法。其本质是利益衡量在相邻关系及环境污染侵权纠纷中的具体应用。这一原则的确立也为环境相邻权制度划定了权利保护的边界。具体来说，其为具体权利人的权利保护提供了制度保护的合法限度和权利的边界。

第三节　环境相邻权制度完善重点

一、"相邻"范围的重新界定

环境保护相邻权调整的范围比传统相邻权范围大。传统相邻关系以"不动产相互毗邻"关系为其限度范围，而环境相邻权扩大了传统相邻权的相邻范围，不再受不动产毗邻的限制，而是"只要他方对不动产的使用过程中损害了自己不动产的有效使用或者其他合法的环境权益，皆可视为'邻近'之妨害"[②]，即构成对环境相邻权的侵犯。也就是说，环境相邻不再以土地相邻近为唯一判断要件，"而主要基

---

① 魏怡琴：《环境相邻关系制度研究》，湖南大学2008年硕士学位论文，第34页。

② 黄喜春：《刍论环境保护相邻权制度》，载《中国环境管理干部学院学报》2007年第3期。

于环境的生物性、地理上的整体性、生态的连锁性和环境影响的广泛性而发生的更大范围的'相邻'"①。只要不动产在被不动产权利人使用过程中,其他人主张这种使用对其造成了损害,而这种损害又是可以通过环境介质如空气、水等传递,对他人不动产的使用产生了影响,即侵犯其环境相邻权,环境相邻权的相邻范围较传统相邻权有了进一步的扩大。

二、权利性质的独立性

环境相邻权是独立的权利,这与传统的相邻权是基于所有权的权利延伸或限制不同。环境相邻权的相邻性不限于与相邻各方拥有土地或不动产的物权,具有合法使用权即可;"仅须主体双方'相邻'的事实,即可成立以环境(人格)权为内容的环境相邻关系"②。不要求必须不动产相毗邻,即环境相邻权没有所谓的基于不动产所有权的"源权利",不是"源权利"的权力延伸,其根据权利人环境权的人权权利属性而具有排除环境污染侵害、恢复良好环境的权利能力,具有请求权。所以,环境相邻权是具有独立请求权的权利。这种独立的权利也不再要求环境相邻权权利人必须拥有不动产物权,因其不是基于所有权的权利延伸,而只要求权利人在此合理的停留或居住即享有环境相邻权,包括其合法租住的住宅、入住的酒店等场所,也可要求享有环境相邻权。

三、权利内容进一步具体化

环境相邻权应该把子权利具体化。

---

① 吕忠梅:《沟通与协调之途——论公民环境权的民法保护》,中国人民大学出版社 2005 年版,第 176 页。

② 张小翌:《环境权视野下的相邻关系制度研究》,中国政法大学 2009 年硕士学位论文,第 18 页。

(一)明确与居住相关的生活便利权

首先,与居住相关的生活环境便利权应该包括相邻安宁权、采光权、通风权、清洁空气权、清洁水权等权利。上述这些权利严格意义上说是新近产生的基于人权权和环境权的具有人格利益的环境权利,也有学者认为这些权利应该被称为人格环境权,归属于环境相邻权,为其子权利。具体来说,所谓相邻安宁权,即环境相邻权利人主体享受宁静的权利,在其居住的生活环境中享受没有噪声、不被噪声侵扰的安静的权利。采光权,也称为日照权。"是指不动产所有人或者使用人都有为了享受阳光照射而要求相邻另一方限制其房屋等建筑物的高度或者距离的权利。"①通风权,也就是建筑物开窗、开门后具有内部空气的自由流动的权利。与采光权类似,已在《民法典》第293条中予以规定。清洁空气权,是指人们享受呼吸清洁、干净空气的权利。清洁水权。就是在居住生活环境中享受无污染、干净的饮用水的权利。

(二)明确私法上的不可量物侵害排除权

《民法典》第294条规定:"不动产权利人不得违反国家规定弃置固体废物,排放大气污染物、水污染物、土壤污染物、噪声、光辐射、电磁辐射等有害物质。"该条实际上是关于不可量物侵害引发相邻关系的规定。不可量物侵害,是指按照通常的计量手段无法加以精确测量的某些物质因排放、扩散等致他人损害。"不可计量的物,大体如气体、音响、光线、尘埃、采石之粉、灰、火花、湿气、真菌类、噪音、电流、臭气、烟气、煤气以及'光的有意侵入'。"②该条亦被学界看作是

---

① 南帅妮:《环境相邻权问题研究》,山东科技大学2011年硕士学位论文,第10~11页。

② 陈华彬:《德国相邻关系制度研究》,载梁慧星主编:《民商法论丛》(第4卷),法律出版社1996年版,第227页。

环境相邻权在我国确立的法律依据。因不可量物侵害制度在我国法律文件中还没有明确的表述性规定,笔者认为可以直接把这类不可量物侵害归入环境相邻权制度中。既可解决理论歧义问题,又可解决实践纠纷问题。因此,不可量物侵害排除权是环境相邻权的具体权利内容。

(三)确立精神安适权

精神安适是指环境相邻权人在其居住、工作、学习等生活范围内享有的不因担心环境污染、其他公害造成身体健康损害的或不因相关风俗、宗教、信仰产生精神压力的适度的、正常的精神放松的权利。换句话说,环境相邻权权利人因担心环境污染和公害产生不利影响并造成对其人身体健康的危害而产生焦虑、焦躁、失眠等精神忧虑,这就是侵犯了精神安适权。抑或“指相邻方的行为虽然没有造成物质上的损害,但影响了相邻方的精神、情感、宗教、信仰、风俗及习惯等,因此使相邻方的不动产的利用价值和交换价值受到影响”①。具体而言,这种精神上的焦虑和不放松在实践中多是由于诸如电磁辐射产生的污染是否造成对权利人身体健康的危害而产生的担心的焦虑,诸如封建迷信、风俗宗教、民族习惯对环境相邻权利人的影响而产生的精神压力和精神不快。没有上述的精神压力、精神不快和精神忧虑即为享有精神安适权。

(四)明确规定相邻环境管理参与权

由于国家规划不合理、规划错误、环境标准过低等产生的相邻问题显然是公法相邻权问题,应该在环境法中规定环境相邻权应具有的环境决策公众参与权、环境信息知情权等具体权利。环境决策公

---

① 丁晨星:《论我国环境相邻权制度的建立和完善》,山东大学2009年硕士学位论文,第16页。

众参与权是指环境相邻权利人在涉及自身相邻的环境规划、建设、改造等环境决策时享有参加的权利,并可以提出相应意见,该意见应得到充分的尊重和考虑的权利。环境信息知情权是建立在环境信息公开的基础上,根据我国《行政信息公开条例》的规定应该公开的政府信息即包括环境管理行政机关在履行环境污染防治和自然资源保护等职责过程中获取的以一定形式记录、保存的环境保护方面的信息,当然包括与环境相邻权有关的环境保护信息。此外,城市规划管理的相关信息、建筑行政管理的相关信息均属于行政机关在履行职责过程中制作或者获取的信息,应该在行政信息公开之列,保证环境相邻权权利人具有知情权。

(五)确定公法上的环境侵害排除请求权

环境侵害排除请求权是指环境相邻关系权利人在其环境权益受到侵害时依法享有地请求国家行政机关予以行政保护、国家司法机关予以环境侵权司法裁判并排除该妨害的权利。在行政法领域包括行政管理确权救济和行政机关侵权行政诉讼救济两方面。

四、强化环境侵权的事前救济

强化环境侵权的事前救济主要是公法上的行政审批和行政规划以及环境信息公开方面的救济。一方面,长期以来,我国环境相邻权保护的环境权益的权利救济都是在其权益受到侵犯后开始的,而在此时,环境污染和环境损害已经发生,即使及时消除其社会影响和生态影响也已经发生难以挽回造成的损失;另一方面,也不利于社会节约行政管理成本和运行成本,造成了极大的资源和能量的浪费。因此,建立事前救济机制十分重要,避免不必要损失和损害的发生,更加有利于保护环境相邻权人的环境权益。在城乡规划方面,值得一提的是《城乡规划法》对公权力的不当行政规划侵犯私权利主体的环境相邻权这一问题已经有所规定。该法第26条规定:“城乡规划报送审批前,组织编制机关应当依法将城乡规划草案予以公告,并采取论证会、听证会或者其他方式征求专家和公众的意见。公告的时间不得少于三十日。组织编制机关应当充分考虑专家和公众的意见,并在报送审批的材料中附具意见采纳情况及理由。”第 50 条规定:“在选址意见书、建设用地规划许可证、建设工程规划许可证或者乡村建设规划许可证发放后,因依法修改城乡规划给被许可人合法权益造成损失的,应当依法给予补偿。经依法审定的修建性详细规划、建设工程设计方案的总平面图不得随意修改;确需修改的,城乡规划主管部门应当采取听证会等形式,听取利害关系人的意见;因修改给利害关系人合法权益造成损失的,应当依法给予补偿。”这两条都规定了要充分考虑公众的意见,听取利害关系人的意见等相关内容,是一立法进步。

五、公法相邻制度完善

随着城市的发展和工业产能的提升,城市的面积在一步步扩张;城市的面貌也在发生巨大的变化,鳞次栉比的摩天大厦、高端大气的高层住宅小区林立;原本处于城郊的工厂市区化,使工厂排放的生产废水、废气成为人民群众身边的污染,使本来相对简单的相邻权关系变得因通风、采光等问题而产生矛盾,使其土地相邻关系面临新的挑战,即使环境相邻权在具体应对时,也往往要借助公法的环境保护规定、环境污染的环境标准规定。所以环境保护上的环境相邻方面的公法上的相邻关系制度亟待完善。笔者认为公法上的相邻关系也有必要与环境相邻权制度进行制度衔接。

这种公法环境相邻关系的规定较传统私法规定具有一定的优越性。“民法相邻关系仅适合调整经济私益与环境私益之冲突,对于经济私益与环境公益、经济公益与环境私益、环境公益与经济公益这三对涉及公益的利益冲突,则不宜由民法相邻关系来调整,否则‘赋予受害者对大工业所生侵害的妨害停止的权利,则国民经济的基础将立即顿失。反之,则有失法的公平正义'。将这三对涉及公益的利益冲突由具有公法属性的环境公法相邻关系来加以调整,则显得更加合适。可以在公法相邻关系规范中加以规定,如在实体制度上可以设置环境标准以及污染物排放标准等;在程序制度上可以设置听证程序等。"①此外,"环境公法相邻关系规范调整的是涉及公益的利益冲突,注重主动干预。主动干预主要体现在具有明显的事先规范上,这与环境保护以预防为主的基本思路相吻合,能够有效防止可能对环境造成不可逆转的危害情况的发生"②。

六、完善公法上环境侵害的判断标准

这一环境相邻权的具体内容要求即是在如何具体判断环境相邻侵害的标准上需要在公法上明确规定,即对环境忍受限度、环境污染限度等标准上出台环境标准。包括:"(1)将法律、法规、规章的强制性禁止规定(主要涉及公法上的规定)设定为侵害构成的首要标准。(2)将国家标准、地方标准作为判断侵害构成的第二层标准。(3)是适用公认的经验法则判定。如果对方侵权行为是根据已知事实和日常生活经验法则能直接推断相邻一方的损失与另一方行为之间具有因果关系,法院可以使用经验法则直接判定。(4)在无前述规定及标准的情况下,由法官根据特定的鉴定意见酌定是否构成侵害,但该判断应以公众的普遍认同及侵害行为造成的显性或隐性损害的程度大小谨慎做出。(5)根据公平原则判断。如确实没有法规或者标准,一方虽然没有过错,但又确实给相邻人造成了实际损害或者妨碍,为了

① 陈翼、吴君明:《环境公法领域相邻关系问题解决途径探求》,载《学海》2011 年第 5 期。

② 陈翼、吴君明:《环境公法领域相邻关系问题解决途径探求》,载《学海》2011 年第 5 期。

合理妥善地处理相邻纠纷,可以适用公平原则,要求受益人对受害人予以适当补偿。(6)以排除性设定的方式,对不构成侵害的行为作出规定,尤其应对具有公益性、场所使用特定性、防止措施不可期待性的行为作出例举式的规定,但在救济方式上应保护受害方有权请求加害方采取必要的预防措施及给予合理的补偿。"①

第四节 环境相邻权制度的法律规制路径

公权和私权的划分源于公法和私法的划分,这种划分方式由来已久,最早产生于大陆法系的法学理论。《法学大辞典》中对公权和私权的划分标准表述为:"(1)以主体为标准,凡私人享有的为私权,国家及机关享有的为公权;(2)以权力的发生依据为标准,依公法发生的为公权,依私法发生的为私权;(3)以保护的利益为标准,凡是有关财产上的权益为私权,保护非财产利益的为公权;(4)以权力的应用为标准,凡法律规定可以依私人的意思自由抛弃的为私权,不允许抛弃的为公权;(5)以规定的内容为标准,凡以国家生活的利益为内容者为公权,以社会生活为内容者为私权。"②也有学者将公权和私权的划分方法分为两种:"一是形式上的区分,公权是公法上规定的对抗国家和政府的权力,而私权则是私法上规定的赋予私人的以对抗私人的权利;二是事实上的区分,公权是为保护国家和公共利益而设定的权利,而私权则是为保护私人利益而非国家利益或公共利益所设定的权利。"③国内对私权和公权的普遍定义为:"公权即人们在

---

① 魏怡琴:《环境相邻关系制度研究》,湖南大学2008年硕士学位论文,第35页。

② 曾庆敏主编:《法学大辞典》,上海辞书出版社1998年版,第745页。

③ 王涌:《私权的概念》,载夏勇:《公法》(第1卷),法律出版社1999年版,第401页。

政治领域和社会公共事务方面的权利，私权即人们在经济领域和民间的和私人的事务方面的权利。”①亦有学者认为上述分类方法都不够严谨：“几乎所有的法律主体都有私权和公权，如公民在民事方面的权利为私权；在参政议政方面的权利为公权。又如政府在民事方面的权利为私权，这时政府与普通私人主体并无两样；在统治和管理方面的权利为公权。”②“依我国法律制度的特征，公民的私权应为私法所规定的、有关私人利益的、可以由私人直接主张而得以实现的权利。公民的公权是公法所规定的、与公共利益密切相关的、通常不能由自己独立行使而实现的权利。”③

通过环境相邻权的性质和权利内容的分析不难看出环境相邻权既包括私法的权利内容，如相邻安宁权、采光权、通风权、清洁空气权、清洁水权等具有人格利益的权利，具有典型的私法权利性质；也包括公法性质的环境管理参与权、环境信息知情权、适当环境行政管理侵害排除请求权等公权性质的权利。因此对于环境相邻权的规定，笔者认为不可一蹴而就，其制度完善路径有三，分别是：路径一，单独对私权利部分内容在民法上予以规定；路径二，对公权利和环境权益保护部分在环境法上予以规定；路径三，在民法和环境法中都进行密合性规定。

一、路径一：单独在民法中明确规定环境相邻权

完善我国《民法典》第 293 条“建造建筑物，不得违反国家有关工程建设标准，不得妨碍相邻建筑物的通风、采光和日照”和第 294 条

---

① 张文显：《二十世纪西方法哲学思潮研究》，法律出版社 1996 年版，第 507 页。

② 李挚萍：《环境法的新发展——管制与民主制互动》，人民法院出版社 2006 年版，第 257 页。

③ 李挚萍：《环境法的新发展——管制与民主制互动》，人民法院出版社 2006 年版，第 257 页。

“不动产权利人不得违反国家规定弃置固体废物,排放大气污染物、水污染物、土壤污染物、噪声、光辐射、电磁辐射等有害物质”的规定。明确在《民法典》第2编第7章的相邻关系中规定环境相邻权,同时在人格权的健康权中加入有关环境保护相邻权对人们居住地周围人体健康保护的描述,即形成在《民法典》中所有权上相邻权章节中和民法典人格权上健康权中相协调的法律规定体系,即先对环境保护相邻权的私法上的权利加以确认。

二、路径二:单独在环境保护法中规定环境相邻权

在修订《环境保护法》时,因其只规定了环境保护的义务而没有权利内容的相关规定,可以直接把环境相邻权的概念和具体权利内容作一并规定,[①]即在环境法总则公民的基本环境权利条款上规定公民环境相邻权。

此外,在环境污染防治法律体系和自然资源保护法律体系的相关法律文件中按照实际需要规定环境相邻权的相关子权利内容,使环境保护法律体系中关于环境保护相邻权的规定更加完善。在具体的环境行政管理过程中有关环境行政管理方面的公权利,如环境知情权等相关权利也可在环境保护类法律体系的具体法律文件中一并规定,作为环境保护特别法优于一般行政管理普通法的规定而予以实现其权利的法律效力。

三、路径三:在民法和环境法中进行密合性规定

路径三,即是综合上述的法律体系规定,在我国《环境保护法》和《民法典》修订时同时引入相关的法律条文,或者在《民法典》修订时引入环境人格权部分内容,对环境相邻权予以确立和完善,以达到环

---

① 因环境权内容是否应该入宪、环境权是否应该属于人权性权利在国内理论界尚存争议,所以环境权在环境保护法上直接规定困难重重,这也给环境相邻权的直接规定留下了理论空间。

境相邻权益保护之目的。

本章小结

本章是环境相邻权制度确立和完善的具体设计,为全书结论性章节,是全书最为重要的章节,是在前四章基础上得出的研究结论,是全书的重点。

第一节分析了确立环境相邻权制度的必要性与可行性。首先,分析了确立环境相邻权制度的必要性,即具有如下必要性:第一,确立环境相邻权实现有法可依;第二,有利于完善环境保护法律体系;第三,能够解决环境诉讼难题,尤其是环境公益诉讼;第四,有利于促进环境民主的发展。其次,分析了我国确立环境相邻权制度的可行性。分析了环境相邻权制度在民法和环境法上确立均存在理论空间。为最后一节环境相邻权制度的确立奠定理论基础。

第二节分析了确立环境相邻权制度的原则,即第一,禁止权利滥用原则。所谓权利滥用是指处于环保时代新型相邻关系中的一方主体行使自己的权利,超出应有的注意义务所要求的范围,从而侵害另一主体的环境权益的行为。权利滥用作为一种侵权行为,是为法律所禁止的。第二,利益平衡的原则。利益衡量是指两种利益相互冲突时,立法者按照怎样的标准、怎样的价值来保护哪一方的利益,如何确定当事人行为效果的方法。第三,一般忍受限度原则。一般忍受限度是指按照常人所能接受的容忍限度,虽然有一定的环境污染和环境破坏的发生,但是法律允许这种破坏和污染存在,否则社会生产和社会生活会因为权利人过于苛求或吹毛求疵而难以为继,这是为社会良好运行而设定的污染和破坏的容许最大限度,即环境相邻权利人存在一定的忍受义务。上述制度确立原则为环境相邻权制度的具体确立提供了基本的权利边界和保护限度的指引。

第三节分析了环境相邻权制度完善重点。第一,“相邻范围”的重新界定与突破,环境保护相邻权调整的范围比传统相邻权范围大。第二,环境相邻权权利是独立性的权利。这与传统的相邻权是基于所有权的权利延伸或限制不同。第三,阐述环境相邻权的权利内容应进一步具体化为与居住相关的生活便利权、私法上的不可量物侵害排除权、精神安适权、环境相邻管理参与权、公法上的环境侵害排除请求权等方面的权利。第四,提出强化环境侵权的事前救济,强化环境侵权的事前救济主要是公法上的行政审批和行政规划以及环境信息公开方面的救济。第五,分析了环境相邻权公法相邻制度完善,所以环境保护上的环境相邻方面的公法上的相邻关系制度亟待完善。第六,提出完善公法上环境侵害的判断标准,即对环境忍受限度、环境污染限度等标准进行规定。

第四节提出了对环境相邻权制度的法律规制具体路径。通过上述分析,从环境相邻权的性质和权利内容的分析不难看出环境相邻权既包括私法的权利内容,如相邻安宁权、采光权、通风权、清洁空气权、清洁水权等具有人格利益的权利,具有典型的私法权利性质;也包括公法性质的环境管理参与权、环境信息知情权、适当环境行政管理侵害排除请求权等公权性质的权利。因此对于环境相邻权的规定,笔者认为不可一蹴而就,其制度完善路径有三,分别是:

路径一:单独在民法中明确规定环境相邻权。明确在《民法典》第 2 编第 7 章的相邻关系规定中规定环境相邻权,与之相呼应的是在民法典人格权的健康权中加入有关环境保护相邻权对人们居住地周围人体健康保护的描述,即形成在民法典中相邻权章节和民法典人格权上健康权相协调的法律规定体系。

路径二:单独在环境保护法中规定环境相邻权,即在环境法总则中规定公民环境相邻权。此外,在环境污染防治法律体系和自然资源保护法律体系的相关法律文件中按照实际需要规定环境相邻权的相关子权利内容,使环境保护法律体系中关于环境保护相邻权的规定更加完善。

路径三:在民法和环境法中进行密合性规定,即综合上述的法律体系规定,在《环境保护法》和《民法典》修订时同时引入相关的法律条文,或引入环境人格权相关内容,对环境相邻权予以确立和完善,以达到环境相邻权益保护之目的。

结 论

伴着近年来环境污染的日趋严重,人们环境权意识逐渐觉醒,要求生活在良好的生活环境中的呼声越来越高,人民群众最为关心地也都是自己周边的生活环境、生存环境是否存在污染。从另一角度来说也就是更加关心呼吸的空气是否清洁、饮用的水是否干净、生活环境是否静谧、居家住房是否舒适。这种对良好环境的追求是人之本能,也是人之为人的基本权利。这也就对法学工作者尤其是环境法学工作者提出了更高的要求,怎样通过环境法学的研究,尽快使研究成果转化为具有约束力的法律文件,发挥其社会价值和环境保护的生态价值。所以,近年来环境法学也得到了蓬勃的发展。

本书正是在这一大背景下,以解决人们迫切保护周边环境的愿望与实际法律规定不给力的困境为破题之处,在分析相邻关系与环境权的基础上,认真研究了二者在环境保护上存在的不足、权利的性质和内容后,提出必须确立另一种独立的权利——环境相邻权。

环境相邻权是指基于环境保护的客观要求而发生的一定范围的相邻关系,是环境法律关系依法享有的权利和承担的相应义务。通过对环境相邻权概念、性质和内容等研究,分析环境相邻权有独立的理论生存空间,可以单独在法律体系中予以规定,是一种既以相邻权、环境权为权利存在基础,又可独立于相邻权、环境权之外的权利类型。继而研究了国外的相关理论,借鉴其较为科学合理的、较为先进的法律规定,最后为环境相邻权在法律体系中的确立进行了详细梳理和认真分析,得出了其具体权利内容和在法律体系中确立的途径。

全书经过研究得出如下结论:

第一,相邻权即相邻关系。相邻权是所有权的延伸或限制,并不是一种独立的物权。物权法上相邻关系的规定在具体环境保护上具有很大的局限性。

第二,环境权是人们在社会生活中享有良好的环境的基本权利。环境权是只能由自然人享有的具有人权属性的宪法性权利,其权利内容也仅是人们良好环境的享有权等权利。由于目前我国宪法和环境法律体系中还没有直接规定环境权,导致其在具体环境保护实践中存在严重的局限性。

第三,环境相邻权是指基于环境保护的客观要求而发生的一定范围的相邻关系,是环境法律关系依法享有的权利和承担的相应义务。

第四,环境相邻权具有如下特征:(1)"相邻"范围有所扩大。(2)环境相邻权的权利独立性。(3)环境相邻权权利客体具有生态性。(4)环境相邻权权利内容的广泛性。(5)环境相邻权权利的复合性。(6)环境相邻权的利益多元性。(7)环境相邻权的人格利益保护倾向性。(8)环境相邻权的精神利益关怀性。

第五,环境相邻权的权利内容包括:(1)与居住相关的生活环境便利权。(2)不可量物侵害排除权。(3)精神安适权。(4)相邻环境管理参与权,即公众的知情权、参与权、建议权以及相应的救济请求权。(5)环境侵害排除请求权。

第六,确立环境相邻权制度应遵循禁止权利滥用原则、利益平衡的原则和一般忍受限度原则。

第七,确立和完善环境相邻权制度的重点有:(1)"相邻"范围的重新界定与突破,环境保护相邻权调整的范围要较传统相邻权范围扩大。(2)环境相邻权是独立性的权利。(3)环境相邻权的权利内容应进一步具体化。(4)强化环境侵权的事前救济。(5)完善环境相邻权公法相邻制度。(6)完善公法上环境侵害判断标准。

第八,环境相邻权制度的法律规制和完善的具体路径有三:路径一,单独在民法中明确规定环境相邻权。路径二,单独在环境保护法中规定环境相邻权。路径三,在民法和环境法中进行密合性规定。第一种路径和第二种路径均存在不足之处,且都为权宜之计,第三种路径才是环境相邻权制度的最终完善。

参考文献

[1]周宏春、刘燕华等:《循环经济学》,中国发展出版社 2005 年版。

[2]中国环境报社编译:《迈向 21 世纪——联合国环境与发展大会文献汇编》,中国环境科学出版社 1992 年版。

[3]俞金香、韩敏:《环境权与循环经济法的法理研究》,中国社会科学出版社 2017 年版。

[4]陈泉生:《可持续发展与法律变革》,法律出版社 2000 年版。

[5]丁怡婷:《加快形成能源节约型社会》,载《人民日报》2021 年 8 月 10 日,第 2 版。

[6]汪劲:《环境法学》(第 4 版),北京大学出版社 2018 年版。

[7]OECD Council Recommendation C(74)224,1974.

[8]《最高检:全国污染环境犯罪案件查处数量总体呈明显上升趋势》,载中国新闻网 2020 年 10 月 28 日,https://www.chinanews.com.cn/gn/2020/10-28/9324917.shtml。

[9]《2020 年中国生态环境统计年报》,载中华人民共和国生态环境部官网 2022 年 2 月 18 日,https://www.mee.gov.cn/。

[10]《2019 年 1 至 9 月全国检察机关主要办案数据》,载微信公众号"最高人民检察院"2019 年 10 月 30 日,https://mp.weixin.qq.com/

s/l85_bWpAb6GvUVElmhsbSQ。

[11]《2021 年中国环境噪声污染防治报告》,载中华人民共和国生态环境部官网 2021 年 6 月 17 日,https://www.mee.gov.cn/。

[12]王利明:《物权法研究》(上卷)(第 4 版),中国人民大学出版社 2016 年版。

[13]史尚宽:《物权法论》,台北,自版,1957 年。

[14]史尚宽:《物权法论》,中国政法大学出版社 2000 年版。

[15]吴卫星:《环境权研究:公法学的视角》,法律出版社 2007 年版。

[16]杨朝霞:《论环境权的性质》,载《中国法学》2020 年第 2 期。

[17]魏振瀛主编:《民法》(第 4 版),北京大学出版社 2021 年版。

[18]Fournel,相邻关系,1812,vol. 2. Biblio:a. Robert,相邻关系,Sirey,1991。转引自尹田:《法国物权法》,法律出版社 1998 年版。

[19]李显冬、孟磊主编:《中华人民共和国民法典物权编实务指引与案例解读》(上册),中国法制出版社 2021 年版。

[20]王利明:《总结民法典编纂经验　推动民法典贯彻实施》,载《人民日报》2021 年 4 月 16 日。

[21]金启洲:《民法相邻关系制度》,法律出版社 2009 年版。

[22]张文显:《法理学》(第 5 版),高等教育出版社 2018 年版。

[23]吕忠梅:《如何"绿化"民法典》,载《法学》2003 年第 9 期。

[24]崔建远:《物权:规范与学说——以中国物权法的解释论为中心》,清华大学出版社 2011 年版。

[25]朱岩、高圣平、陈鑫:《中国物权法评注》,北京大学出版社 2007 年版。

[26]陈小燕:《物权法研究》,人民出版社 2008 年版。

[27]王明远:《相邻关系制度的调整与环境侵权的救济》,载《法学研究》1999年第3期。

[28]吕忠梅:《关于物权法的“绿色”思考》,载《中国法学》2000年第5期。

[29]章礼强:《“相邻权”新探》,载《学术界》1998年第3期。

[30]张鹏、曹诗权:《相邻关系的民法调整》,载《法学研究》2000年第2期。

[31]王清军:《环境相邻权的法理学分析》,中国法学会环境资源法学会2020年研讨会论文。

[32]朱春玉:《环境权范畴研究述评》,载《山西师大学报(社会科学版)》2003年第3期。

[33]赵红梅、于文轩:《环境权的法理念解析与法技术构造——一种社会法的解读》,载《法商研究》2004年第3期。

[34]金启洲:《德国公法相邻关系制度初论》,载《环球法律评论》2006年第1期。

[35]曹树青:《环境地役权探究》,载《科技与法律》2006年第4期。

[36]胡纪平、吴贤静:《相邻关系与相邻环境权制度的建立》,载《江南大学学报(人文社会科学版)》2007年第3期。

[37]黄喜春:《刍论环境保护相邻权制度》,载《中国环境管理干部学院学报》2007年第3期。

[38]陆一、丁笑微:《环境保护相邻权初论》,载《环境保护》2008年第8期。

[39]康纪田:《矿业相邻关系立法初论》,载《北方法学》2010年第6期。

[40]康纪田:《矿业环境相邻关系立法初探》,载《中国环境管理

干部学院学报》2010 年第 6 期。

[41]康纪田:《立体性矿业相邻关系初探》,载《中国地质大学学报(社会科学版)》2011 年第 2 期。

[42]黄永香、康纪田:《矿业环境相邻关系的界定及保护》,载《环境科学与技术》2011 年第 9 期。

[43]康纪田:《重构矿山企业环境民事法律责任》,载《环境与可持续发展》2013 年第 1 期。

[44]杨朝霞:《论环境公益诉讼的权利基础和起诉顺位——兼谈自然资源物权和环境权的理论要点》,载《法学论坛》2013 年第 3 期。

[45]《德国民法典》,郑冲、贾红梅译,法律出版社 1999 年版。

[46]陈华彬:《法国近邻妨害问题研究》,载梁慧星主编:《民商法论丛》(第 5 卷),法律出版社 1996 年版。

[47]徐爱国编著:《英美侵权行为法》,法律出版社 1999 年版。

[48]王曦:《美国环境法概论》,武汉大学出版社 1992 年版。

[49]王利明主编:《物权法名家讲坛》,中国人民大学出版社 2008 年版。

[50]薄燕娜:《相邻关系与地役权》,载江平:《中美物权法的现状与发展》,清华大学出版社 2003 年版。

[51]王泽鉴:《民法物权》(第 1 册),中国政法大学出版社 1995 年版。

[52]赵万一:《相邻关系》,载王利明:《物权法名家讲坛》,中国人民大学出版社 2008 年版。

[53]韩光明:《不动产相邻关系规则分析》,中国政法大学 2006 年博士学位论文。

[54]王胜明主编、全国人大常委会法制工作委员会民法室编著:

《物权法学习问答》,中国民主法制出版社 2007 年版。

[55]彭诚信:《现代意义相邻权的理解》,载《法制与社会发展》1999 年第 1 期。

[56]王建鲁:《关于在我国民法中区分相邻权与地役权的思考》,载《中央政法管理干部学院学报》1997 年第 3 期。

[57]刘乃忠:《地役权法律制度研究》,中国法制出版社 2007 年版。

[58]王泽鉴:《民法物权》(第 1 册),中国政法大学出版社 2001 年版。

[59]孙良国、周团结:《相邻权问题三论》,载《当代法学》2002 年第 1 期。

[60]苏永钦主编:《民法物权争议问题研究》,台北,五南图书出版股份有限公司 1999 年版。

[61]全国人民代表大会常务委员会法制工作委员会民法室编著:《物权法立法背景与观点全集》,法律出版社 2007 年版。

[62]史浩明、张鹏:《地役权》,中国法制出版社 2007 年版。

[63]李云波:《相邻不可量物排放关系的私法调整》,复旦大学 2011 年博士学位论文。

[64]陈泉生等:《环境法学基本理论》,中国环境科学出版社 2004 年版。

[65]杜钢建:《日本的环境权理论和制度》,载《中国法学》1994 年第 6 期。

[66]蔡守秋:《环境权初探》,载《中国社会科学》1982 年第 3 期。

[67]世界环境与发展委员会:《我们共同的未来》,王之佳译,吉林人民出版社 1997 年版。

[68][日]奥平康弘、杉原泰雄:《宪法学——人权的基本问题》,

有斐阁 1977 年版。

[69]蔡守秋主编:《环境资源法教程》,武汉大学出版社 2000 年版。

[70]陈泉生、张梓太:《宪法与行政法的生态化》,法律出版社 2001 年版。

[71]吕忠梅:《论公民环境权》,载《法学研究》1995 年第 6 期。

[72]吕忠梅:《环境法新视野》,中国政法大学出版社 2000 年版。

[73]王小钢:《近 25 年来的中国公民环境权理论述评》,载《中国地质大学学报(社会科学版)》2007 年第 4 期。

[74]周训芳:《环境权论》,法律出版社 2003 年版。

[75]汪劲:《环境法学》(第 4 版),北京大学出版社 2018 年版。

[76]余俊:《环境权的文化之维》,法律出版社 2010 年版。

[77]邹雄:《环境权新论》,载《东南学术》2005 年第 3 期。

[78]蔡维力:《环境诉权初探》,中国政法大学出版社 2010 年版。

[79]白平则:《人与自然和谐关系的构建:环境法基本问题研究》,中国法制出版社 2006 年版。

[80]陈泉生:《环境时代与宪法环境权的创设》,载《福州大学学报(哲学社会科学版)》2001 年第 4 期。

[81] Karel vasak, *Pour une Triosieme Generation des Droits de L'homme*, in Studies and Essays on International Law and Red Cross Principles in Honour of Jean Pictet 837,839 (Christophe Swinarski ed. 1984).

[82]张文显:《法学基本范畴研究》,中国政法大学出版社 1993 年版。

[83]徐祥民:《环境权——论人权发展历史分期的视角》,载《中国社会科学》2004 年第 4 期。

[84]于忠春:《人权视角下的环境权研究》,吉林大学 2006 年博士学位论文。

[85][法]亚历山大·基斯:《国际环境法》,张若思编译,法律出版社 2000 年版。

[86]朱谦:《论环境权的法律属性》,载《中国法学》2001 年第 3 期。

[87]李挚萍:《公民环境权的实质及地位再思考》,载《中山大学学报(社会科学版)》2004 年第 1 期。

[88]张千帆:《宪法学导论》,法律出版社 2004 年版。

[89]刘建辉:《环境法价值论》,人民出版社 2006 年版。

[90]季理华、张勇:《环境权的概念及其属性》,载《新疆财经学院学报》2004 年第 4 期。

[91]蔡守秋主编:《环境资源法教程》,高等教育出版社 2004 年版。

[92][苏]马克思、恩格斯:《马克思恩格斯选集》(第 3 卷),中共中央马克思恩格斯列宁斯大林著作编译局编译,人民出版社 1995 年版。

[93]卓泽渊:《法的价值论》,法律出版社 1999 年版。

[94]吕忠梅:《再论公民环境权》,载《法学研究》2000 年第 6 期。

[95]吕忠梅主持:《超越与保守——可持续发展视野下的环境法创新》,法律出版社 2003 年版。

[96]李艳芳:《环境权若干问题探究》,载《法律科学(西北政法大学学报)》1994 年第 6 期。

[97]李挚萍:《环境法的新发展——管制与民主制互动》,人民

法院出版社 2006 年版。

[98]王彬辉:《论环境法的逻辑嬗变——从“义务本位”到“权利本位”》,科学出版社 2006 年版。

[99]刘凯湘:《物权法的生活性与生活中的物权法》,载民商法律网 2006 年 3 月 23 日, http://www. civillaw. com. cn/weizhang/default. asp? id = 25382。

[100]梁慧星:《民法总论》,法律出版社 1997 年版。

[101]安家满:《通过相邻权的环境权——环境相邻权》,载《中国东盟博览》2013 年第 3 期。

[102]吕忠梅:《环境法》,法律出版社 1997 年版。

[103]焦富民:《环境保护相邻权制度之体系解释与司法适用》,载《法学》2013 年第 11 期。

[104]吕忠梅:《沟通与协调之途——论公民环境权的民法保护》,中国人民大学出版社 2005 年版。

[105]张小翌:《环境权视野下的相邻关系制度研究》,中国政法大学 2009 年硕士学位论文。

[106]南帅妮:《环境相邻权问题研究》,山东科技大学 2011 年硕士学位论文。

[107]陈华彬:《物权法》,法律出版社 2004 年版。

[108]丁晨星:《论我国环境相邻权制度的建立和完善》,山东大学 2009 年硕士学位论文。

[109]王丽萍:《国外不可量物侵害制度及对我国物权立法的启示》,载《法学论坛》2000 年第 2 期。

[110]黄风:《罗马私法导论》,中国政法大学出版社 2003 年版。

[111]孙宪忠:《德国当代物权法》,法律出版社 1997 年版。

[112]文伯屏编著:《西方国家环境法》,法律出版社 1988 年版。

[113]赵立超:《论我国不可量物侵害制度的问题与完善》,延边大学2011年硕士学位论文。

[114]贺艳红:《不可量物侵害比较研究》,山东大学2005年硕士学位论文。

[115]王宁:《完善我国不可量物侵害制度的构想》,昆明理工大学2010年硕士学位论文。

[116]王明远:《法国环境侵权救济法研究》,载《清华大学学报(哲学社会科学版)》2000年第1期。

[117]郑晓剑、邱鹭风:《不可量物侵害制度比较研究》,载《西南政法大学学报》2009年第3期。

[118]罗结珍译:《法国民法典》(上册),法律出版社2005年版。

[119]罗结珍译:《法国民法典》,中国法制出版社2000年版。

[120]王明远:《环境侵权救济法律制度》,中国法制出版社2001年版。

[121]李玉泉:《环境保护相邻权研究》,吉林大学2009年硕士学位论文。

[122]王晓辉:《日本公害补偿制度评析与借鉴》,载《环境保护》2011年第16期。

[123]罗丽:《从日本环境法理念的转变看中国第二代环境法的发展》,载《中国地质大学学报(社会科学版)》2008年第3期。

[124][日]大塚直:《关于生活妨害的停止请求的基础考察》,载《法学协会杂志》1990年第7期。

[125]《瑞士民法典》,殷生根译,法律出版社1987年版。

[126]《加拿大魁北克民法典》,孙建江、郭站红、朱亚芬译,中国人民大学出版社2005年版。

[127]赵秉志总编:《澳门民法典》,中国人民大学出版社1999

年版。

[128]Winfield Jolowicz, *The Law of Torts*, London, 1971.

[129]李旭彬:《论英国侵权法中的私人妨害制度》,对外经济贸易大学2004年硕士学位论文。

[130]John Murphy, *The Law of Nuisance*, Oxford University Press, 2010.

[131]孙晓文:《环境相邻关系制度研究——基于民法分析的视角》,山东财经大学2012年硕士学位论文。

[132]Michael A. Jones, Torts 7th Edition.

[133][美]史蒂夫·L.伊曼纽尔:《侵权法》,中信出版社2003年版。

[134]Joseph William Singer, Introduction to Property.

[135]刘波:《英美法妨害与德国法不可量物侵害比较与借鉴——兼评〈物权法〉第89条和第90条》,载《广西政法管理干部学院学报》2012年第3期。

[136]Fones v. Wiliams (1843) 11 M & W 176; Lmeon v. Webb (1895) AC 1; Lagan Navigation Co. v. Lambeg Bleaching, Dyeing & Finishing Co. Ltd (1927) AC. 226.

[137]City of Richmond. V. Scantelbury (1991) 2VR38.

[138] Co-operative Wholesale Society Led v. British Railways Board, the Times, 20, December 1995.

[139]崔世君:《论美国法私益妨害的构成》,载《法制与经济》2008年第12期。

[140]Sandra H. Johnson, ET, al, Property Law: Cases, Materials, and Problems, 6. 03. p. 770 – 771.

[141]杨娟:《不可量物侵权法律制度研究》,西南财经大学2005

年硕士学位论文。

[142]叶明、吴太轩:《论环境侵权救济中的排除侵害制度——兼谈利益衡平原则的适用》,载《广西政法干部学院管理学报》2002年第1期。

[143]罗瑞玲:《建筑物相邻关系研究》,山东大学2004年硕士学位论文。

[144]刘海鸥:《美国环境侵权领域中的妨害法》,载《英美法系及其对中国的影响》,法律出版社2009年版。

[145]胡中华:《德国不可量物侵害责任制度的经验及对我国的借鉴》,载《中国地质大学学报(社会科学版)》2006年第5期。

[146]赵宏:《规划许可诉讼中邻人保护的权利基础与审查构造》,载《法学研究》2022年第3期。

[147]佚名:《加装电梯引发纠纷 邻里负有容忍义务》,载《法制文萃报》2022年7月7日。

[148]刘长兴:《环境权保护的人格权法进路——兼论绿色原则在民法典人格权编的体现》,载《法学评论》2019年第3期。

[149]李景义、刘翠翠:《环境人格权民法保护研究》,载《黑龙江省政法管理干部学院学报》2020年第3期。

[150]苗壮:《美国财产法妨害制度的经济分析》,载《环球法律评论》2006年第1期。

[151]孙磊:《环境相邻权制度的确立路径与完善重点》,载《学术交流》2014年第5期。

[152]孙磊:《环境相邻权基本问题新探》,载《学术论坛》2014年第4期。

[153]王艳:《环境公益诉讼司法审判的省思与完善——基于2015—2018年统计数据的实证分析》,载《环境法评论》2020年第2期。

[154]曹明德:《日本环境侵权法的发展》,载《现代法学》2001年第3期。

[155]王明远:《美国妨害法在环境侵权救济中的运用和发展》,载《政法论坛》2003年第5期。

[156]蔡守秋:《从环境权到国家环境保护义务和环境公益诉讼》,载《现代法学》2013年第6期。

[157]刘毅:《环境公益诉讼门槛高专家吁给更多民间组织授权》,载《人民日报》2013年12月14日。

[158]Black's Law Dictionary, West Publishing Co. ,1983.

[159]谢邦宇主编:《罗马法》,北京大学出版社1990年版。

[160]古南正皓:《环境相邻关系制度研究》,西北农林科技大学2011年硕士学位论文。

[161]郭洁:《土地资源与民事立法研究》,法律出版社2002年版。

[162]陈华彬:《德国相邻关系制度研究》,载梁慧星主编:《民商法论丛》(第4卷),法律出版社1996年版。

[163]陈翼、吴君明:《环境公法领域相邻关系问题解决途径探求》,载《学海》2011年第5期。

[164]曾庆敏主编:《法学大辞典》,上海辞书出版社1998年版。

[165]王涌:《私权的概念》,载夏勇:《公法》(第1卷),法律出版社1999年版。

[166]张文显:《二十世纪西方法哲学思潮研究》,法律出版社1996年版。